Grandes misterios ocultistas
de la Historia Humana

colección

TABLA
ESMERALDA

La Colección Tabla Esmeralda es mucho más que una serie de libros: es una invitación a descubrir tu poder interior y a explorar los secretos más ocultos del universo. A través de una selección exquisita de obras emblemáticas en los campos del esoterismo, la autoayuda y el pensamiento espiritual, esta colección está pensada para aquellos que buscan expandir su conciencia y comprender los misterios que han fascinado a la humanidad desde tiempos ancestrales.

Cada libro te guiará en un viaje profundo hacia el conocimiento místico y el desarrollo personal, ayudándote a desentrañar los enigmas que rodean la existencia humana y a conectar con el poder transformador de la mente y el alma. Si sientes el llamado de lo desconocido, si anhelas descubrir verdades ocultas y elevar tu ser a nuevas dimensiones, la Colección Tabla Esmeralda es el compañero perfecto en tu búsqueda espiritual.

LUCÍA FABRA

GRANDES MISTERIOS OCULTISTAS

DE LA HISTORIA HUMANA

ALCARAZ
EDICIONES

© Alcaraz Ediciones, 2024
© Lucía Fabra, 2024

Mare Nostrum, 44
46420 – El Perelló
Sueca, Valencia
Teléf.: (+34) 910 46 54 33
e-mail: info@alcarazediciones.es
https://alcarazediciones.es

I.S.B.N.: 979-13-87586-06-5
Depósito Legal: V-4692-2024

Diseño y maquetación: Iván García Molinero
Printed in Spain / Impreso en España

ÍNDICE

INTRODUCCIÓN: EL OCULTISMO Y SU HUELLA
EN LA HISTORIA DE LA HUMANIDAD 15

El papel del ocultismo en la evolución del
pensamiento humano..15

El ocultismo como fuente de conocimiento 16

Las primeras civilizaciones y su relación con
lo esotérico 17

1. Mesopotamia: La cuna del ocultismo 18

2. Egipto: Magia y vida después de
la muerte...19

3. Grecia y Roma: Filosofía y misticismo...........19

El impacto del conocimiento oculto en la
política, la religión y la ciencia............................20

1. El papel de la astrología en la política
europea...21

2. La alquimia como precursor de la ciencia
moderna ....,,21

CAPÍTULO 1: LA PIEDRA FILOSOFAL:
LA ALQUIMIA Y LA BÚSQUEDA DE LA
INMORTALIDAD 23

Orígenes de la alquimia en el Antiguo Egipto
y China..23

Egipto: La alquimia como un arte sagrado 23

China: La alquimia y el elixir de la
inmortalidad..25

El desarrollo de la alquimia en la Edad Media
y el Renacimiento 26

Edad Media: La alquimia en el mundo islámico y su transmisión a Europa 26

Renacimiento: Alquimia como ciencia y espiritualidad 27

Hitos históricos: Paracelso, Isaac Newton y la influencia de la alquimia en la ciencia moderna 29

Paracelso: La alquimia como medicina 29

Isaac Newton: La alquimia como base de la física 29

Capítulo 2: Los Templarios: Poder Secreto y la Sombra del Santo Grial 31

La creación de la Orden del Temple tras las Cruzadas 31

La relación entre los Templarios y el misticismo medieval 33

Hitos históricos: La disolución de la Orden, el viernes 13 y el juicio de Jacques de Molay 35

Capítulo 3: La Cábala: El Misticismo Judío y su Influencia en el Pensamiento Occidental 39

El desarrollo de la Cábala en la Edad Media 39

La influencia de la Cábala en el Renacimiento y su expansión en Europa 41

Hitos históricos: La influencia de la Cábala en personajes como Pico della Mirandola y los filósofos esotéricos 43

Pico della Mirandola y la Cábala cristiana 43

La Cábala y el pensamiento esotérico europeo 45

Capítulo 4: La Orden Rosa-Cruz: Alquimia, Ciencia y Magia durante el Renacimiento 47

Orígenes y secretos de la Orden de la Rosa-Cruz 47

La influencia de la Rosa-Cruz en el pensamiento científico y esotérico del siglo XVII 49

Hitos históricos: Manifiestos rosacruces, su relación con el hermetismo y la ciencia de figuras como Johannes Kepler 51

Capítulo 5: El Necronomicón: Leyendas Oscuras y el Mito de los Libros Malditos 55

El mito del Necronomicón y su conexión con las culturas antiguas 55

El papel de H.P. Lovecraft en la creación del mito 58

Hitos históricos: La influencia del Necronomicón en la literatura y el cine esotérico 60

En la literatura 60

En el cine 61

En la música y la cultura popular 62

Conclusión: El Necronomicón como símbolo de los peligros del saber prohibido 63

Capítulo 6: El Tarot: Simbolismo, Adivinación y su Impacto en el Esoterismo 65

El origen medieval del Tarot y su desarrollo en Italia 65

La influencia del Tarot en sociedades secretas como la Golden Dawn 67

Hitos históricos: El Tarot de Marsella y su uso en el Renacimiento como herramienta de adivinación 70

Conclusión: El legado del Tarot en el esoterismo occidental 72

El origen medieval del Tarot y su desarrollo en Italia 73

La influencia del Tarot en sociedades secretas como la Golden Dawn 75

Hitos históricos: El Tarot de Marsella y su uso en el Renacimiento como herramienta de adivinación 77

Conclusión: El impacto duradero del Tarot en el esoterismo occidental 79

CAPÍTULO 7: ALEISTER CROWLEY: MAGIA, THELEMA Y LA REVOLUCIÓN DEL OCULTISMO MODERNO 81

La vida de Crowley y su influencia en el esoterismo del siglo XX 81

La creación de Thelema y los rituales mágicos   83

Hitos históricos: La conexión de Crowley con la Golden Dawn, la O.T.O. y su impacto en la contracultura 86

CAPÍTULO 8: LA MALDICIÓN DE LOS FARAONES: MISTICISMO EGIPCIO Y LOS MISTERIOS DE LAS PIRÁMIDES 89

El simbolismo ocultista de las pirámides y su relación con la vida después de la muerte 89

La maldición de Tutankamón y su impacto en la arqueología 91

Hitos históricos: El descubrimiento de la tumba de Tutankamón y los misterios del Antiguo Egipto 94

CAPÍTULO 9: LOS ILLUMINATI: CONSPIRACIONES, PODER Y SU LEGADO EN LA HISTORIA MODERNA 97

El origen de los Illuminati en la Ilustración 97

Su influencia en las revoluciones del siglo XVIII 99

Hitos históricos: La disolución de la Orden en Baviera y el surgimiento de teorías conspirativas modernas 101

Conclusión: Los Illuminati como símbolo de poder y conspiración en la historia moderna 104

CAPÍTULO 10: EL VUDÚ: MAGIA ANCESTRAL Y LOS MISTERIOS DE LA MUERTE EN ÁFRICA Y AMÉRICA 107

Los orígenes del vudú en África Occidental y su expansión en el Caribe 107

La relación entre el vudú y el colonialismo europeo 109

Hitos históricos: La Revolución Haitiana y el papel del vudú en la lucha por la independencia 111

CAPÍTULO 11: LA ATLÁNTIDA: MITO, ESOTERISMO Y LA BÚSQUEDA DE LA CIVILIZACIÓN PERDIDA 115

Los orígenes de la leyenda de la Atlántida en Platón 115

La conexión esotérica de la Atlántida con el ocultismo moderno...............................117

Hitos históricos: La influencia de la Atlántida en la Teosofía y el movimiento esotérico del siglo XIX..119

CAPÍTULO 12: LA OUIJA: PUERTA AL MÁS ALLÁ O HERRAMIENTA DE SUPERSTICIÓN........ 123

Historia de la Ouija desde el Espiritismo del siglo XIX...123

Los casos más famosos de contacto con espíritus...126

Hitos históricos: El auge del Espiritismo en Europa y América durante la era victoriana.......128

CAPÍTULO 13: JOHN DEE: MAGIA, CIENCIA Y EL LENGUAJE DE LOS ÁNGELES 131

La vida de John Dee y sus trabajos en magia y astronomía...131

El descubrimiento del lenguaje enochiano y su impacto en el ocultismo................................133

Hitos históricos: El papel de John Dee como consejero de Isabel I y la influencia de sus estudios en el pensamiento esotérico.................135

CAPÍTULO 14: RENNES-LE-CHÂTEAU: MISTERIOS TEMPLARIOS Y EL TESORO OCULTO DE UN CURA 139

El misterio de Bérenger Saunière y su relación con los Templarios..................................139

Las teorías ocultistas que rodean Rennes-le-Château..141

Hitos históricos: La fortuna inexplicable de Saunière y las conexiones con el Santo Grial.....144

Capítulo 15: Grimorios: Libros de Hechicería y los Secretos de los Sabios Medievales 147

Historia de los grimorios más influyentes en la Edad Media 147

Su uso en rituales de magia y hechicería 149

Hitos históricos: La Clavícula de Salomón, el Ars Goetia y otros grimorios famosos en la Europa medieval 152

Capítulo 16: El Proyecto Montauk: Ocultismo y el Lado Oscuro de la Ciencia 155

Las teorías ocultas sobre el Proyecto Montauk y sus experimentos 156

La conexión entre la ciencia moderna y el ocultismo en la Guerra Fría 158

Hitos históricos: La Operación Paperclip, experimentos de control mental y la influencia del ocultismo en la CIA 161

Conclusión: El Legado del Ocultismo en la Historia Moderna 163

La persistencia de los misterios ocultistas en la era contemporánea 163

Hitos históricos recientes: La influencia del ocultismo en la cultura pop, política y las ciencias alternativas 165

Reflexiones sobre el papel del esoterismo en el futuro de la humanidad 167

Bibliografía 171

INTRODUCCIÓN: EL OCULTISMO Y SU HUELLA EN LA HISTORIA DE LA HUMANIDAD

El papel del ocultismo en la evolución del pensamiento humano

El ocultismo ha sido una constante en el desarrollo de la humanidad, desde las civilizaciones más antiguas hasta la era moderna. Lejos de ser un aspecto marginal, ha formado parte de los cimientos sobre los cuales se ha erigido el conocimiento en diversas culturas. Su influencia no solo abarca las creencias religiosas, sino también la filosofía, la política y la ciencia, actuando como un puente entre lo mundano y lo trascendental.

En su definición más amplia, el ocultismo engloba todas aquellas prácticas, creencias y conocimientos que han permanecido escondidos o reservados para una élite, ya sea por su complejidad o por su potencial para cambiar el mundo conocido. La palabra *ocultismo*, derivada del latín *occultus* («escondido»), se ha relacionado históricamente con la magia, la alquimia, la astrología, y los sistemas esotéricos de pensamiento.

El papel del ocultismo en la evolución del pensamiento humano puede rastrearse hasta las primeras civilizaciones. En aquellos tiempos, la línea entre la magia y la religión era tenue, y el conocimiento esotérico estaba reservado para sacerdotes y líderes políticos, quienes lo utilizaban como una herramienta de poder. Esta estructura se mantuvo a lo largo de la historia, pero en cada etapa evolucionó, adoptando las características de cada cultura y época.

El ocultismo como fuente de conocimiento

El conocimiento oculto siempre ha estado ligado a la búsqueda de respuestas a los grandes interrogantes de la existencia humana: ¿qué hay más allá de la vida? ¿Cuál es el propósito del universo? ¿Cómo podemos acceder a verdades superiores? Estos cuestionamientos llevaron a la creación de disciplinas que buscaban entender lo que estaba más allá de lo visible. En este contexto, disciplinas como la alquimia, la astrología y la magia fueron precursoras de la ciencia moderna.

Isaac Newton, uno de los científicos más influyentes de la historia, dedicó gran parte de su vida a la alquimia, creyendo que esta contenía las claves para entender los misterios del universo. La frontera entre la ciencia y el ocultismo no siempre fue clara. En palabras del historiador Richard Westfall: «Para Newton, el estudio de la alquimia no era un mero pasatiempo, sino una búsqueda seria para desvelar los secretos de la creación» (*The Life of Isaac Newton*, 1993).

Del mismo modo, grandes filósofos como Platón y Aristóteles recurrieron a ideas esotéricas para formular sus teorías sobre el cosmos. Platón, en su diálogo *Timeo*, postuló que el universo tenía una estructura matemática oculta, una idea que luego influyó profundamente en el pensamiento neoplatónico y esotérico. Las escuelas de pensamiento posteriores, como la de los pitagóricos, quienes veían en los números una clave para entender la realidad, también adoptaron este enfoque.

Las primeras civilizaciones y su relación con lo esotérico

El ocultismo y el esoterismo se encuentran profundamente arraigados en las primeras civilizaciones. Desde Mesopotamia hasta Egipto, estas culturas desarrollaron sistemas de creencias que combinaban magia, religión y ciencia. Estas prácticas ocultas no solo estaban relacionadas con la adoración de deidades, sino también con la observación de fenómenos naturales y la búsqueda de respuestas sobre la vida y la muerte.

1. Mesopotamia: La cuna del ocultismo

En las culturas mesopotámicas, la astrología y la adivinación eran prácticas fundamentales. Los sacerdotes de esta región, especialmente los caldeos, se convirtieron en expertos en leer los cielos. La creencia en que los astros gobernaban el destino de los hombres llevó al desarrollo de complejos sistemas astrológicos. Las tablillas de Enuma Anu Enlil, escritas en el segundo milenio a.C., contenían predicciones basadas en fenómenos celestiales y se consideran uno de los primeros registros de la astrología. Estas predicciones no solo afectaban a la vida personal, sino también a las decisiones políticas y militares.

En palabras del historiador Francesca Rochberg, «la astronomía y la astrología mesopotámicas eran tanto ciencia como un medio para conocer la voluntad de los dioses» (*The Heavenly Writing*, 2004). De hecho, fue en Mesopotamia donde nació la idea de que los dioses se comunicaban a través de los cielos, un concepto que perduró en otras culturas durante milenios.

2. Egipto: Magia y vida después de la muerte

El antiguo Egipto también fue una civilización profundamente influenciada por el ocultismo. La magia, conocida como *heka*, no solo era un poder sobrenatural, sino una fuerza inherente al orden cósmico. Los faraones eran considerados seres divinos que podían interactuar con el más allá, y los sacerdotes egipcios utilizaban rituales mágicos para mantener el equilibrio entre los mundos. El *Libro de los Muertos*, una de las obras esotéricas más antiguas y conocidas, contiene conjuros y guías para que los muertos naveguen en el inframundo y alcancen la vida eterna.

Para los egipcios, la magia no solo estaba relacionada con la religión, sino que también tenía aplicaciones prácticas en la vida diaria. Los amuletos y los hechizos se usaban para curar enfermedades, protegerse de los enemigos o garantizar una buena cosecha. Según el egiptólogo Geraldine Pinch, «la magia egipcia era una fuerza activa en la vida diaria, tan importante como las leyes que gobernaban la sociedad» (*Magic in Ancient Egypt*, 1994).

3. Grecia y Roma: Filosofía y misticismo

En la Grecia antigua, la magia y el esoterismo se entrelazaron con la filosofía. Pitágoras, uno de los filósofos más influyentes, creía que los números tenían una esencia mística y que el universo estaba organizado de acuerdo con principios matemáticos. Esta idea influyó en el desarrollo de la filosofía platónica y en las tradiciones místicas posteriores, como el neoplatonismo y el hermetismo. El famoso filósofo Plotino, por ejemplo, veía el mundo material como una sombra de la verdadera realidad espiritual, accesible solo a través del conocimiento esotérico.

En la Roma imperial, las prácticas ocultas continuaron floreciendo. Los augures, sacerdotes encargados de interpretar los signos divinos, eran consultados por emperadores como Augusto, quien utilizaba las predicciones para legitimar su poder. La astrología, especialmente la que provenía de las tradiciones mesopotámicas y griegas, se convirtió en una parte integral de la política romana.

El impacto del conocimiento oculto en la política, la religión y la ciencia

El ocultismo no solo influyó en el pensamiento religioso y filosófico, sino también en las estructuras de poder y el desarrollo científico. En muchas culturas, el conocimiento esotérico estaba reservado para las élites, quienes lo utilizaban para mantener su poder. Las monarquías europeas, por ejemplo, estaban profundamente influenciadas por la astrología y la magia, y muchos reyes y reinas mantenían astrólogos en su corte.

1. El papel de la astrología en la política europea

Durante la Edad Media y el Renacimiento, la astrología se convirtió en una parte fundamental de la política europea. Isabel I de Inglaterra consultaba a John Dee, un astrólogo y ocultista que también fue un consejero cercano. Dee no solo utilizaba las estrellas para hacer predicciones, sino que también estaba interesado en la alquimia y la magia enochiana, un sistema de comunicación con los ángeles. Dee creía que a través de la magia, era posible alcanzar un conocimiento superior que trascendía lo humano. Cita: «Dee fue una figura crucial en el Renacimiento inglés, combinando ciencia, magia y política en una búsqueda del conocimiento universal» (*The Queen›s Conjuror: The Life and Magic of Dr. John Dee*, Benjamin Woolley, 2002).

2. La alquimia como precursor de la ciencia moderna

La alquimia, una disciplina que combinaba la ciencia, la filosofía y la magia, fue uno de los grandes precursores de la química moderna. Alquimistas como Paracelso desafiaron las ideas tradicionales de la medicina y propusieron que el cuerpo humano estaba compuesto por los mismos elementos que se encontraban en el cosmos. Aunque la mayoría de los alquimistas nunca lograron la transmutación del plomo en oro, sus experimentos sentaron las bases de la ciencia moderna.

Isaac Newton, considerado uno de los padres de la física moderna, también dedicó mucho tiempo a la alquimia. Newton creía que a través de la alquimia, era posible desentrañar los secretos de la materia y del universo. Aunque sus escritos alquímicos no fueron publicados durante su vida, han revelado una faceta oculta de su genio científico. Como señaló el historiador William Newman, «para Newton, la alquimia era una ciencia sagrada que, si se comprendía correctamente, podía revelar los principios ocultos de la naturaleza» (*Newton the Alchemist*, 2018).

CAPÍTULO 1: LA PIEDRA FILOSOFAL: LA ALQUIMIA Y LA BÚSQUEDA DE LA INMORTALIDAD

La búsqueda de la inmortalidad y la capacidad de transmutar metales en oro a través de la Piedra Filosofal han sido dos de las grandes metas de la alquimia desde su surgimiento en las primeras civilizaciones. Aunque la alquimia ha sido percibida durante mucho tiempo como una disciplina esotérica, su influencia en el desarrollo del pensamiento científico y filosófico ha sido fundamental. Este capítulo explora los orígenes de la alquimia en Egipto y China, su desarrollo durante la Edad Media y el Renacimiento, y la manera en que esta disciplina moldeó la ciencia moderna a través de figuras como Paracelso e Isaac Newton.

Orígenes de la alquimia en el Antiguo Egipto y China

Egipto: La alquimia como un arte sagrado

El Antiguo Egipto es frecuentemente considerado uno de los primeros escenarios donde se desarrolló la alquimia, conocida en ese contexto como un arte profundamente vinculado a la religión y la espiritualidad. En la cosmología egipcia, el dios Thoth era visto como el patrono de los alquimistas, y se creía que él había transmitido a la humanidad el conocimiento de los misterios cósmicos. Este saber, contenido supuestamente en el mítico *Libro de Thoth*, ofrecía claves para la creación y transformación de la materia, así como el acceso a la vida eterna, conceptos que resonaban profundamente con los objetivos de la alquimia.

La conexión de la alquimia egipcia con la vida después de la muerte era inseparable de su filosofía. Los rituales fúnebres egipcios, especialmente aquellos asociados con la momificación, implicaban un profundo conocimiento de procesos químicos que no solo preservaban el cuerpo, sino que también simbolizaban la transmutación del alma hacia la inmortalidad. Este proceso de preservación física del cuerpo era, en esencia, un acto alquímico, reflejando la misma búsqueda de transformación y perpetuidad que guio a los alquimistas en sus experimentos con metales.

El vínculo de la alquimia con la noción de «tierra negra» (Khem), de donde podría derivarse el nombre «alquimia», refuerza esta conexión con el renacimiento y la regeneración, aspectos clave de las creencias egipcias sobre el ciclo de vida, muerte y resurrección.

China: La alquimia y el elixir de la inmortalidad

En la antigua China, la alquimia se desarrolló en paralelo con la egipcia, pero con un enfoque más centrado en la búsqueda de la inmortalidad física. Los alquimistas chinos, particularmente influenciados por las corrientes taoístas, estaban convencidos de que la creación de un «elixir de la vida» podía llevar a la perpetuidad corporal y espiritual. Esta búsqueda del elixir inmortal estaba profundamente enraizada en las doctrinas filosóficas de la dualidad del *yin* y el *yang*, y los cinco elementos (agua, fuego, madera, metal y tierra), que, según los taoístas, componían el equilibrio del universo.

A diferencia de los alquimistas occidentales, que en su mayoría perseguían la transmutación de metales en oro como una metáfora de la transformación del alma, los alquimistas chinos buscaban compuestos químicos reales que pudieran prolongar la vida. Sin embargo, esta búsqueda no estuvo exenta de tragedias. A lo largo de la historia, varios emperadores y nobles murieron envenenados al consumir elixires alquímicos que contenían sustancias tóxicas, como el mercurio.

Esta faceta de la alquimia china revela un interesante contraste con la tradición occidental. Mientras que los alquimistas chinos abordaban su práctica desde una perspectiva medicinal y física, los alquimistas europeos, como veremos en el desarrollo posterior de la disciplina, enfocaban la alquimia no solo como una ciencia, sino también como una búsqueda filosófica y espiritual.

El desarrollo de la alquimia en la Edad Media y el Renacimiento

Edad Media: La alquimia en el mundo islámico y su transmisión a Europa

Durante la Edad Media, la alquimia encontró un nuevo hogar en el mundo islámico, donde fue recibida con un enfoque más sistemático y científico. Los sabios musulmanes se convirtieron en los custodios de gran parte del conocimiento alquímico heredado de Egipto y Grecia, al tiempo que desarrollaban nuevas teorías y técnicas que influirían profundamente en la ciencia europea. Uno de los nombres más destacados en este periodo fue el de Jabir ibn Hayyan (Geber), quien escribió extensamente sobre la alquimia y codificó muchos de sus principios.

Para los alquimistas islámicos, la Piedra Filosofal era vista como una metáfora del conocimiento total del universo. La alquimia en esta época no se limitaba a la transmutación de metales, sino que se trataba de una disciplina que abarcaba múltiples aspectos del mundo natural. La alquimia islámica fue responsable del desarrollo de métodos químicos como la destilación, la sublimación y la cristalización, procesos que más tarde serían fundamentales en el avance de la química moderna.

Este cuerpo de conocimiento fue transmitido a Europa a través de traducciones al latín realizadas en centros como Toledo y Córdoba, donde el contacto entre cristianos y musulmanes permitió la difusión de las ideas científicas y filosóficas. La influencia de la alquimia islámica en Europa no puede subestimarse, ya que sentó las bases para el Renacimiento alquímico que se desarrollaría en los siglos posteriores.

Renacimiento: Alquimia como ciencia y espiritualidad

El Renacimiento marcó una época de redescubrimiento y reevaluación de las antiguas tradiciones alquímicas, especialmente en Europa. Durante este periodo, la alquimia se entrelazó con las corrientes humanistas y neoplatónicas, y se percibía tanto como una ciencia experimental como una disciplina espiritual. Uno de los alquimistas más influyentes de esta época fue Paracelso, quien rompió con las enseñanzas tradicionales y propuso que la alquimia debía aplicarse al cuerpo humano como una forma de medicina.

Paracelso defendía que la verdadera alquimia no consistía en convertir el plomo en oro, sino en transformar las enfermedades en salud. Este enfoque marcó un cambio radical en la práctica alquímica, que pasó a ser vista como una ciencia médica en lugar de un arte puramente esotérico. La obra de Paracelso influyó profundamente en el desarrollo de la medicina moderna y su teoría de que la salud y la enfermedad dependían del equilibrio de los minerales en el cuerpo sentó las bases para la farmacología.

Durante el mismo periodo, la alquimia también fue adoptada por figuras clave del Renacimiento, como Marsilio Ficino y Giovanni Pico della Mirandola, quienes la integraron en sus estudios filosóficos. Estos pensadores veían la alquimia como una forma de obtener conocimiento superior, capaz de desvelar los misterios de la creación y la naturaleza humana. La conexión entre la alquimia, la magia y la filosofía renacentista fue tan fuerte que muchos de los grandes científicos de la época, como Johannes Kepler y Robert Boyle, fueron influenciados por ella.

Hitos históricos: Paracelso, Isaac Newton y la influencia de la alquimia en la ciencia moderna

Paracelso: La alquimia como medicina

La figura de Paracelso revolucionó la alquimia al integrarla con la medicina. Para él, la alquimia era el arte de transformar la materia con el fin de curar enfermedades, y se oponía a la visión tradicional que la enfocaba principalmente en la transmutación de metales en oro. Su frase, «la dosis hace el veneno», resume su enfoque en el equilibrio químico del cuerpo humano. Esta concepción de la alquimia como un medio para mejorar la salud humana se alejaba de las prácticas más esotéricas, estableciendo un puente entre la alquimia y la ciencia empírica.

Isaac Newton: La alquimia como base de la física

Aunque más conocido por sus contribuciones a la física y las matemáticas, Isaac Newton dedicó una parte considerable de su vida al estudio de la alquimia. Newton no veía una contradicción entre la ciencia y el ocultismo; al contrario, creía que la alquimia ofrecía claves fundamentales para entender las leyes del universo. Para Newton, la búsqueda de la Piedra Filosofal y la transmutación de los metales eran parte de un esfuerzo más amplio por desvelar los secretos divinos de la creación. Aunque sus escritos alquímicos fueron relegados al olvido durante siglos, hoy se reconoce que el trabajo de Newton en la alquimia influyó profundamente en su pensamiento científico.

El interés de Newton en la alquimia refleja la intersección entre ciencia y esoterismo que caracterizó gran parte del pensamiento moderno temprano. A pesar de los avances científicos, la alquimia no fue descartada como una simple superstición, sino que siguió siendo una fuente legítima de conocimiento para algunos de los mayores pensadores de la época.

CAPÍTULO 2: LOS TEMPLARIOS: PODER SECRETO Y LA SOMBRA DEL SANTO GRIAL

La Orden de los Caballeros Templarios ha sido, desde su creación en el siglo XII, una de las organizaciones más misteriosas e influyentes de la historia medieval. A lo largo de dos siglos, los Templarios acumularon un vasto poder militar, económico y espiritual, convirtiéndose en una pieza clave de las Cruzadas y en defensores de los lugares sagrados de Tierra Santa. Sin embargo, el aura de secretismo y las leyendas en torno a ellos, especialmente las vinculadas al Santo Grial, han perdurado mucho más allá de su disolución oficial en 1312. Este capítulo explora los orígenes de la Orden del Temple, su relación con el misticismo medieval y los acontecimientos clave que llevaron a su caída.

La creación de la Orden del Temple tras las Cruzadas

La Orden del Temple fue fundada en 1119 por un grupo de nueve caballeros franceses liderados por Hugo de Payens. Su misión original era proteger a los peregrinos cristianos que viajaban a Tierra Santa tras la Primera

Cruzada (1096-1099). En sus primeros años, la orden no contaba con muchos recursos, y los caballeros dependían de donaciones para financiar su labor. Sin embargo, la suerte de los Templarios cambió radicalmente en 1129 cuando el Concilio de Troyes otorgó un reconocimiento oficial a la orden, gracias al apoyo del influyente abad Bernardo de Claraval.

La estructura de los Templarios, basada en un estricto código de vida monástica, combinaba los principios del cristianismo con el arte de la guerra. Esto los convirtió en una de las primeras órdenes militares de la cristiandad, con la tarea no solo de combatir en las Cruzadas, sino también de establecer fortalezas y organizar operaciones financieras que, con el tiempo, los transformarían en una potencia económica. Su sede original, cerca del Templo de Salomón en Jerusalén, alimentó la creencia de que los Templarios guardaban antiguos secretos vinculados a la historia bíblica.

Los Templarios se expandieron rápidamente, creando una vasta rcd de encomiendas (propiedades y fortificaciones) que abarcaba toda Europa y Oriente Medio. Estas encomiendas no solo servían para organizar a los soldados y recaudar fondos para las Cruzadas, sino que también se convirtieron en centros financieros, otorgando préstamos a monarcas y nobles, y estableciendo lo que algunos consideran las primeras formas de banca moderna. La Orden, en su apogeo, no solo controlaba ejércitos, sino también inmensas riquezas.

La relación entre los Templarios y el misticismo medieval

Desde sus inicios, la Orden del Temple estuvo rodeada de un aura mística que ha perdurado hasta nuestros días. A diferencia de otras órdenes religiosas, los Templarios adoptaron prácticas y creencias que, para algunos historiadores, estaban influenciadas por corrientes esotéricas y tradiciones ancestrales. Esta percepción surgió en parte debido a la naturaleza secreta de sus rituales, que solo los iniciados conocían, y al vínculo que muchos establecieron entre los Templarios y el Santo Grial, uno de los símbolos más enigmáticos de la tradición cristiana y medieval.

El Santo Grial, según las leyendas artúricas y medievales, era el cáliz utilizado por Jesucristo durante la Última Cena y se convirtió en un símbolo de la búsqueda espiritual por la pureza y la verdad divina. Aunque la existencia del Grial es considerada una cuestión de fe y leyenda, algunos escritores e historiadores han especulado que los Templarios pudieron haber estado relacionados con la protección de este objeto sagrado, o incluso con su descubrimiento en Jerusalén.

Además, la supuesta conexión de los Templarios con el Templo de Salomón alimentó teorías sobre su acceso a conocimientos ocultos o reliquias sagradas. Algunas tradiciones esotéricas sostienen que los Templarios encontraron durante sus excavaciones en Jerusalén objetos de gran poder simbólico y espiritual, como el Arca de la Alianza o documentos secretos que contenían saberes perdidos. Esta vinculación con el Templo de Salomón y el misterio del Grial contribuyó a que la orden fuera vista no solo como una fuerza militar, sino también como una guardiana de secretos ocultos y trascendentales.

El simbolismo esotérico y las leyendas en torno a los Templarios también fueron alimentados por el contexto cultural del misticismo medieval. En una época en la que el cristianismo convivía con tradiciones paganas y otras corrientes filosóficas, los Templarios adquirieron un aura casi mitológica, vista por algunos como una orden iluminada con acceso a verdades ocultas. Esta percepción fue reforzada tras la caída de la orden, cuando la falta de información clara sobre sus rituales y actividades fomentó la creación de teorías conspirativas y leyendas que aún perduran.

Hitos históricos: La disolución de la Orden, el viernes 13 y el juicio de Jacques de Molay

El poder de los Templarios, tanto económico como militar, los convirtió en una fuerza temida y respetada, pero también en un blanco de envidias y sospechas. Hacia el final del siglo XIII, la situación política y militar en Tierra Santa se deterioró, y la influencia de los Templarios en Oriente Medio comenzó a menguar tras la pérdida de Acre en 1291, último bastión cristiano en la región. A pesar de su declive militar, la orden continuó ejerciendo un gran poder en Europa, lo que la colocó en el centro de una conspiración política que llevaría a su abrupta disolución.

El rey Felipe IV de Francia, agobiado por deudas que había contraído con los Templarios y ansioso por consolidar su poder, decidió actuar contra ellos. Con la ayuda de su consejero Guillaume de Nogaret y el papa Clemente V, Felipe lanzó una campaña de acusaciones contra la orden. El 13 de octubre de 1307, un día que pasaría a la historia como el origen de la superstición del «viernes 13», las autoridades francesas arrestaron a cientos de caballeros templarios, incluido su Gran Maestre, Jacques de Molay.

Las acusaciones formuladas contra los Templarios eran graves: herejía, idolatría, blasfemia, y prácticas inmorales durante sus rituales secretos. Aunque las pruebas eran escasas y muchas de las confesiones se obtuvieron bajo tortura, estas acusaciones fueron utilizadas como justificación para disolver la orden. A lo largo de varios años, se llevaron a cabo juicios en toda Europa, aunque en muchos países los Templarios fueron exonerados de los cargos. Sin embargo, en Francia, la campaña de Felipe fue implacable, y en 1312 el papa Clemente V, bajo la presión del rey, emitió una bula papal que disolvía formalmente la orden.

El destino de Jacques de Molay, último Gran Maestre de los Templarios, se convirtió en uno de los episodios más emblemáticos de la caída de la orden. Tras años de prisión y tortura, Molay fue condenado a morir en la hoguera en 1314. Antes de su ejecución, Molay proclamó la inocencia de los Templarios y lanzó una maldición sobre el rey Felipe y el papa Clemente, prediciendo que ambos morirían pronto, lo cual ocurrió poco tiempo después, lo que añadió un aura de misterio y fatalidad a la caída de los Templarios.

La disolución de los Templarios no solo puso fin a una de las órdenes más poderosas de la Edad Media, sino que también dio inicio a siglos de especulaciones y leyendas sobre los verdaderos motivos de su caída y el destino de sus supuestas riquezas y secretos. La combinación de su misteriosa desaparición y su aura esotérica hizo que, en siglos posteriores, los Templarios se convirtieran en el foco de teorías de conspiración, asociadas a sociedades secretas como la masonería y organizaciones ocultas que supuestamente heredaron su legado.

CAPÍTULO 3: LA CÁBALA: EL MISTICISMO JUDÍO Y SU INFLUENCIA EN EL PENSAMIENTO OCCIDENTAL

La Cábala es una de las tradiciones místicas más profundas e influyentes del judaísmo. Surgida como un intento de comprender las complejidades divinas y los misterios del universo, la Cábala no solo dejó una huella duradera en la religión judía, sino que también influyó profundamente en el pensamiento occidental, especialmente durante el Renacimiento. Su expansión en Europa y su recepción por filósofos cristianos y esotéricos transformaron a la Cábala en una fuente de conocimiento que traspasó fronteras religiosas. Este capítulo explora el desarrollo de la Cábala en la Edad Media, su influencia en el Renacimiento y su impacto en figuras clave del pensamiento filosófico y esotérico europeo.

El desarrollo de la Cábala en la Edad Media

El origen de la Cábala se remonta al judaísmo medieval, aunque sus raíces pueden rastrearse en formas tempranas de misticismo judío, como la literatura del *Hejalot* (Palacios Celestiales) y la *Merkavá* (Carroza Divina), que buscaban describir experiencias visionarias y encuentros místicos con lo divino. Sin embargo, la Cábala tal como se conoce hoy comenzó a tomar forma en los siglos XII y XIII, especialmente en la región de la Provenza y la España medieval, donde comunidades judías florecían bajo la influencia de la cultura cristiana e islámica.

El término «Cábala» proviene del hebreo *kabbalah*, que significa «recepción» o «tradición», y se refiere a la transmisión de conocimientos esotéricos que intentan interpretar las verdades ocultas de la Torá. Los cabalistas medievales desarrollaron un sistema de interpretación simbólica del universo basado en el Árbol de la Vida, un diagrama místico que representa las diez esferas (sefirot) a través de las cuales emana la luz divina hacia el mundo. Cada esfera, o *sefirah*, encarna un aspecto del carácter divino, y su estudio permite al iniciado comprender la estructura del cosmos y su relación con Dios.

El *Zohar*, el texto fundacional de la Cábala, apareció en el siglo XIII y es atribuido tradicionalmente a Simeón bar Yojai, un rabino del siglo II. Sin embargo, la mayoría de los estudiosos modernos lo consideran obra del místico español Mosé de León. El *Zohar* es una extensa obra que combina comentario bíblico, poesía y especulación filosófica, y trata temas como la creación del universo, el papel del mal y la naturaleza del alma. Este texto místico se convirtió en el núcleo de la Cábala, influyendo tanto en las comunidades judías como en pensadores cristianos que más tarde adoptaron y adaptaron sus ideas.

Durante la Edad Media, la Cábala atrajo a numerosos estudiosos judíos que buscaban reconciliar las enseñanzas tradicionales con las corrientes filosóficas de la época. En particular, los cabalistas intentaron armonizar las enseñanzas de la Cábala con el racionalismo de Maimónides, quien defendía un enfoque filosófico basado en el pensamiento aristotélico. Esta tensión entre el misticismo y la racionalidad reflejaba los debates intelectuales más amplios en las comunidades judías y cristianas, y demostró la riqueza del pensamiento cabalístico en su capacidad para integrar diferentes corrientes.

La influencia de la Cábala en el Renacimiento y su expansión en Europa

La Cábala no se mantuvo confinada a las comunidades judías. A medida que el Renacimiento florecía en Europa durante los siglos XV y XVI, la Cábala judía comenzó a influir en los círculos intelectuales cristianos, especialmente en Italia. Los eruditos del Renacimiento, fascinados por las fuentes antiguas y esotéricas, encontraron en la Cábala un corpus de conocimiento que complementaba su interés por la magia, la astrología y el hermetismo.

Uno de los primeros y más importantes exponentes de esta «Cábala cristiana» fue Giovanni Pico della Mirandola, un filósofo renacentista italiano que creía en la posibilidad de sintetizar todas las tradiciones religiosas y filosóficas. Pico, quien había estudiado hebreo y las enseñanzas de los cabalistas judíos, sostenía que la Cábala contenía secretos divinos que podían iluminar el cristianismo. En su famosa obra, *Conclusiones Cabalísticas*, defendió la idea de que los textos cabalísticos confirmaban las doctrinas cristianas más profundas, como la Trinidad y la Encarnación, y que a través del estudio de la Cábala, los cristianos podían acceder a un conocimiento espiritual superior.

La Cábala cristiana, promovida por pensadores como Pico y su discípulo Johannes Reuchlin, no solo influyó en la teología renacentista, sino también en el desarrollo de la magia renacentista. Los filósofos de esta época veían la Cábala como una llave que abría las puertas del conocimiento divino y cósmico. En lugar de rechazarla como una doctrina ajena, la consideraban una fuente de revelación que podía integrarse en su propia búsqueda de la verdad. La figura de Hermes Trismegisto, el mítico autor del *Corpus Hermeticum*, se entrelazó con las enseñanzas cabalísticas, dando lugar a un sincretismo entre hermetismo, neoplatonismo y Cábala que caracterizó el pensamiento esotérico del Renacimiento.

La expansión de la Cábala en Europa también coincidió con un creciente interés en la magia y la astrología entre la élite intelectual. Los textos cabalísticos, especialmente el *Sefer Yetzirá* (Libro de la Creación), se consideraban manuales de sabiduría esotérica que permitían manipular las fuerzas cósmicas. Esta percepción transformó la Cábala en una herramienta práctica para los magos renacentistas, que buscaban dominar las fuerzas de la naturaleza a través de la numerología y la correspondencia simbólica entre las letras hebreas y los elementos del cosmos.

Hitos históricos: La influencia de la Cábala en personajes como Pico della Mirandola y los filósofos esotéricos

Pico della Mirandola y la Cábala cristiana

Giovanni Pico della Mirandola es quizás el exponente más conocido de la Cábala cristiana. Nacido en 1463, Pico fue una figura clave del Renacimiento italiano que abogó por la reconciliación de las diferentes corrientes religiosas y filosóficas en una sola verdad universal. Fascinado por las ideas cabalísticas que había aprendido de los estudiosos judíos en Florencia, Pico creía que la Cábala revelaba verdades ocultas que podían enriquecer el cristianismo y ayudar a la humanidad a alcanzar la unión con Dios.

En su obra más influyente, las *Conclusiones Cabalísticas*, Pico argumentó que los cabalistas judíos, sin saberlo, habían anticipado algunas de las verdades fundamentales del cristianismo. Según Pico, la Cábala proporcionaba una explicación mística de la Trinidad y de la creación del mundo, y sostenía que a través de la Cábala los cristianos podían obtener una comprensión más profunda de la naturaleza divina. Para Pico, la Cábala no era solo una doctrina judía, sino un medio universal para acceder al conocimiento espiritual.

El entusiasmo de Pico por la Cábala se extendió a otros pensadores cristianos de la época. Johannes Reuchlin, un destacado humanista alemán y defensor de los derechos de los judíos, también quedó fascinado por la Cábala y escribió *De Arte Cabalística*, una de las primeras obras sistemáticas sobre la Cábala en Europa cristiana. Reuchlin, al igual que

Pico, creía que la Cábala podía ofrecer un acceso directo a la sabiduría divina, y que los cristianos podían beneficiarse de su estudio para reforzar su propia fe.

La Cábala y el pensamiento esotérico europeo

El interés de los filósofos renacentistas por la Cábala también influyó en el desarrollo del esoterismo europeo en siglos posteriores. Figuras como Cornelio Agrippa, Paracelso y John Dee se sintieron atraídas por las enseñanzas cabalísticas, especialmente en su relación con la magia y la astrología. Estos pensadores veían en la Cábala una clave para entender y manipular las fuerzas cósmicas, utilizando símbolos y números sagrados para acceder a conocimientos ocultos.

Cornelio Agrippa, autor de la influyente obra *De Occulta Philosophia*, combinó elementos de la Cábala con la magia hermética y neoplatónica para crear un sistema esotérico integral. En su obra, Agrippa identificaba la numerología cabalística como un medio para comprender la estructura del universo y la relación entre Dios y la creación. Agrippa veía la Cábala como una ciencia sagrada que revelaba los secretos del poder divino y del alma humana.

John Dee, el matemático y astrónomo inglés, también se vio influido por la Cábala en su trabajo con la magia enochiana. Dee creía que los ángeles le habían revelado un lenguaje secreto y que este conocimiento esotérico estaba relacionado con las enseñanzas cabalísticas. Su fascinación por la Cábala reflejaba el interés renacentista por las doctrinas esotéricas y su convicción de que, mediante el estudio de la Cábala, los humanos podían acceder a los misterios divinos.

En resumen, la Cábala, desde su desarrollo en el judaísmo medieval hasta su adopción por filósofos renacentistas y esotéricos, tuvo una profunda influencia en el pensamiento occidental. No solo proporcionó un sistema místico para interpretar el universo y la relación con lo divino, sino que también se convirtió en una fuente clave para la magia y la filosofía renacentista. A través de figuras como Pico della Mirandola y Cornelio Agrippa, la Cábala dejó una huella indeleble en la tradición esotérica europea, transformándose en un puente entre el misticismo judío y el pensamiento cristiano.

CAPÍTULO 4: LA ORDEN ROSA-CRUZ: ALQUIMIA, CIENCIA Y MAGIA DURANTE EL RENACIMIENTO

La Orden de la Rosa-Cruz es uno de los movimientos esotéricos más influyentes y enigmáticos del Renacimiento, surgido en Europa en el siglo XVII en un momento en que las fronteras entre la ciencia, la religión y la magia aún eran permeables. Este capítulo explora los orígenes de la orden, su influencia en el pensamiento científico y esotérico del Renacimiento y el impacto que tuvo a través de sus manifiestos y figuras clave como Johannes Kepler, quien representaba la fusión entre la mística y la ciencia.

Orígenes y secretos de la Orden de la Rosa-Cruz

La historia de la Orden de la Rosa-Cruz está rodeada de misterio, en parte porque, a diferencia de otras órdenes esotéricas, no se trataba de una organización con una estructura claramente definida ni de una sociedad secreta formalizada. Los orígenes de la Rosa-Cruz se remontan al siglo XVII, cuando en 1614 apareció en Alemania el primero de tres textos fundamentales que definirían su ideología: la *Fama Fraternitatis* (La Fama de la Fraternidad). Este manifiesto, seguido de la *Confessio Fraternitatis* (1615) y *Las bodas químicas de Christian Rosenkreutz* (1617), trazaba la historia de la orden y delineaba sus principios filosóficos y espirituales.

El personaje central de la leyenda rosacruz es Christian Rosenkreutz, un mítico fundador que, según los manifiestos, habría nacido en el siglo XIV y viajado por Oriente Próximo, Egipto y el norte de África en busca de sabiduría oculta. Rosenkreutz, tras aprender las ciencias ocultas de los sabios orientales, regresó a Europa y fundó una hermandad secreta destinada a la reforma espiritual, científica y política de Europa. Aunque no hay evidencia histórica de la existencia real de Rosenkreutz, el símbolo de la rosa y la cruz —que representa la unión del conocimiento esotérico y la redención espiritual— se convirtió en un emblema del misticismo renacentista.

Los manifiestos rosacruces promovían una mezcla de ideas esotéricas, alquímicas y filosóficas, combinando la tradición hermética con la filosofía neoplatónica, la alquimia y el cristianismo místico. Estos textos criticaban la corrupción de la Iglesia y el estancamiento de la sociedad europea, y proponían una renovación del conocimiento que integraba las verdades espirituales y científicas. En este sentido, los Rosacruces compartían la creencia de que el progreso humano no podía desvincularse del desarrollo espiritual, y que los secretos de la naturaleza solo podían revelarse a aquellos que comprendieran tanto las ciencias como las verdades divinas.

Aunque la autenticidad de la Orden Rosa-Cruz ha sido objeto de debate, y algunos han sugerido que los manifiestos fueron escritos por eruditos alemanes como Johann Valentin Andreae con fines literarios o políticos, la leyenda de los Rosacruces tuvo un impacto profundo en los círculos intelectuales de la época, alimentando la imaginación de filósofos, alquimistas y científicos que veían en la orden un modelo de sabiduría oculta.

La influencia de la Rosa Cruz en el pensamiento científico y esotérico del siglo XVII

El siglo XVII fue un periodo de enormes cambios intelectuales y científicos, en el que las viejas certezas aristotélicas y escolásticas estaban siendo desafiadas por nuevas corrientes de pensamiento. En este contexto, la influencia de la Rosa-Cruz en el pensamiento científico fue notable. A diferencia de otras corrientes esotéricas, los Rosacruces abogaban por la investigación científica como parte de una búsqueda más amplia de la verdad espiritual. La creencia en la armonía entre la ciencia y la fe fue un rasgo distintivo del pensamiento rosacruz.

Uno de los aspectos más destacados de la filosofía rosacruz fue su interés por la alquimia, no solo como una práctica de transmutación de metales, sino también como una metáfora de la transformación espiritual. Para los Rosacruces, el proceso alquímico de convertir el plomo en oro simbolizaba la purificación del alma y la elevación del ser humano hacia un estado más cercano a lo divino. Este enfoque influyó en muchos alquimistas del siglo XVII, quienes no veían la alquimia únicamente como una proto-ciencia, sino como una disciplina espiritual que podía revelar los secretos del universo.

Además de la alquimia, los Rosacruces también promovieron el estudio de la astronomía, la medicina y las matemáticas, disciplinas que consideraban esenciales para entender el mundo natural. El movimiento rosacruz coincidió con el surgimiento de la ciencia moderna, representada por figuras como Galileo Galilei y Johannes Kepler, y muchos de los pensadores de la época se vieron influenciados por la idea de que la ciencia debía ir de la mano con la espiritualidad.

Los Rosacruces también estaban profundamente influenciados por la tradición hermética, una corriente de pensamiento basada en los textos atribuidos a Hermes Trismegisto, que promovía la idea de que el ser humano podía alcanzar el conocimiento divino a través de la contemplación y la experimentación. El hermetismo, al igual que la Cábala y el neoplatonismo, jugó un papel clave en la concepción rosacruz de la ciencia como un medio para desvelar los misterios del cosmos.

Hitos históricos: Manifiestos rosacruces, su relación con el hermetismo y la ciencia de figuras como Johannes Kepler

Los *Manifiestos Rosacruces* publicados entre 1614 y 1617 marcaron un antes y un después en el pensamiento esotérico y científico del siglo XVII. Aunque estos textos tenían un tono simbólico y alegórico, planteaban cuestiones sobre la renovación espiritual y el avance del conocimiento que resonaron entre los intelectuales de la época.

Uno de los hitos clave del movimiento rosacruz fue su relación con el hermetismo. Los Rosacruces adoptaron muchas de las ideas del hermetismo renacentista, que había sido reavivado en el siglo XV tras la traducción al latín del *Corpus Hermeticum*, un conjunto de textos esotéricos atribuidos a Hermes Trismegisto. Estos textos defendían la creencia en una sabiduría primordial que había sido revelada a los primeros seres humanos y que se podía recuperar a través del estudio y la iluminación. Esta «filosofía perenne» se convirtió en una piedra angular de la filosofía rosacruz, que veía en la ciencia y la alquimia herramientas para recuperar este conocimiento perdido.

La influencia de los Rosacruces en el pensamiento científico de la época se puede ver claramente en la obra de Johannes Kepler. Aunque Kepler no era miembro de la orden, compartía muchas de sus ideas sobre la armonía cósmica y la interrelación entre la ciencia y lo divino. Kepler, conocido por sus leyes sobre el movimiento de los planetas, creía que el universo estaba gobernado por una estructura matemática y que esta estructura reflejaba el diseño de Dios. Para Kepler, el estudio de la astronomía no solo era una ciencia empírica, sino también una forma de acercarse a lo divino.

Kepler también estaba interesado en la geometría sagrada, una disciplina que los Rosacruces consideraban clave para comprender la creación. Su obra *Mysterium Cosmographicum* (El misterio del cosmos) se basaba en la idea de que los sólidos platónicos, figuras geométricas perfectas, podían explicar la disposición de los planetas en el sistema solar. Esta concepción de la ciencia como una búsqueda de la armonía divina reflejaba las creencias rosacruces y herméticas sobre la interconexión entre el macrocosmos y el microcosmos.

Otro ejemplo de la influencia rosacruz en la ciencia es Robert Fludd, un médico, filósofo y alquimista inglés que fue uno de los principales defensores de las ideas rosacruces. Fludd defendía la idea de que el universo estaba compuesto de correspondencias entre lo visible y lo invisible, y que el ser humano podía acceder a este conocimiento a través del estudio de la naturaleza y la alquimia. Fludd combinaba la investigación científica con la espiritualidad, siguiendo el modelo de la orden rosacruz, que veía en la ciencia un camino hacia la iluminación.

CAPÍTULO 5: EL NECRONOMICÓN: LEYENDAS OSCURAS Y EL MITO DE LOS LIBROS MALDITOS

El *Necronomicón* es probablemente el grimorio más famoso dentro de la literatura esotérica moderna, un libro imaginario que ha trascendido su origen literario para convertirse en un mito por derecho propio. Su historia, ligada tanto a leyendas arcanas como a relatos de terror cósmico, representa el peligro del saber prohibido y la búsqueda de verdades que pueden llevar a la destrucción de la mente y el alma. Aunque fue una invención de H.P. Lovecraft en el siglo XX, el *Necronomicón* ha llegado a considerarse un símbolo en la cultura esotérica y popular, y ha influido en numerosos campos, desde la literatura hasta el cine y la música. Este capítulo explora el mito del *Necronomicón* y sus conexiones con las culturas antiguas, el papel que jugó Lovecraft en su creación, y cómo ha dejado su huella en la historia de la literatura y el cine esotérico.

El mito del Necronomicón y su conexión con las culturas antiguas

El mito del *Necronomicón* tiene sus raíces en las culturas antiguas, en particular en las tradiciones relacionadas con la magia, la invocación de seres sobrenaturales y el conocimiento prohibido. Aunque Lovecraft creó el *Necronomicón* como una obra ficticia dentro de su mitología literaria, el libro evoca las leyendas de grimorios medievales y textos prohibidos que prometían revelar secretos ocultos a sus lectores, a menudo a costa de su cordura o seguridad.

El autor situó el origen del *Necronomicón* en una época remota, supuestamente escrito en el siglo VIII por un árabe conocido como Abdul Alhazred, quien viajó por lugares como Babilonia y Egipto, recolectando saberes oscuros y secretos cósmicos. En la ficción de Lovecraft, Alhazred fue testigo de horrores cósmicos que van más allá de la comprensión humana, y sus escritos contienen fórmulas y rituales para invocar entidades alienígenas y antiguos dioses que desafían las leyes naturales. Esta narrativa se inscribe en una larga tradición de libros malditos, textos que supuestamente contenían conocimientos demasiado poderosos o peligrosos para ser controlados por los mortales.

El concepto de un libro prohibido que desvela verdades arcanas tiene paralelismos en varias culturas antiguas. En la tradición mesopotámica, por ejemplo, existen relatos de textos que contienen el conocimiento de los dioses, con los cuales los humanos podían invocar fuerzas sobrenaturales o cambiar el curso de la historia. En el antiguo Egipto, los textos sagrados como el *Libro de Thoth* prometían a sus lectores la capacidad de dominar la naturaleza y acceder a los secretos de los dioses, pero a menudo con terribles consecuencias para quienes intentaban acceder a ese conocimiento sin la preparación espiritual necesaria.

El *Necronomicón* también recuerda los antiguos grimorios europeos, textos medievales que contenían rituales mágicos, fórmulas de invocación de espíritus y demonios, y recetas alquímicas para alterar la naturaleza física del mundo. El *Picatrix*, por ejemplo, es un grimorio árabe traducido al latín en la Edad Media que prometía a sus lectores acceso a un conocimiento superior a través de la magia astrológica. De manera similar, la *Clavícula de Salomón*, otro grimorio medieval, era conocido por sus invocaciones demoníacas y conjuros que permitían a los iniciados invocar y controlar a entidades sobrenaturales.

Lovecraft, consciente de estas tradiciones ocultas, utilizó el mito del *Necronomicón* para evocar una sensación de peligro ancestral, un saber que, como en el caso de muchos textos antiguos, no debía ser leído ni comprendido por los humanos comunes. En sus relatos, los personajes que entran en contacto con el *Necronomicón* suelen enfrentar trágicas consecuencias: el conocimiento que adquieren los lleva a la locura, la muerte o a ser devorados por entidades que no comprenden ni pueden controlar.

El papel de H.P. Lovecraft en la creación del mito

H.P. Lovecraft introdujo el *Necronomicón* por primera vez en su cuento *La ciudad sin nombre* (1921), como un libro de saberes prohibidos cuyo contenido era tan perturbador que solo unos pocos atrevidos osaban leerlo. A partir de entonces, el *Necronomicón* se convirtió en un elemento recurrente dentro del «Círculo de Lovecraft», una serie de relatos interconectados que formaban parte de la mitología cósmica creada por el autor. Aunque Lovecraft mencionó el libro en varios de sus cuentos, como *El horror de Dunwich* y *El que susurra en la oscuridad*, nunca describió con detalle su contenido, lo que aumentó su aura de misterio.

Lovecraft, que era conocido por su estilo literario de sugerir horrores indescriptibles sin revelarlos por completo, construyó el *Ne-*

cronomicón como una herramienta narrativa para transmitir la idea de que el conocimiento más profundo y oscuro del universo estaba más allá de la capacidad humana para comprenderlo. Los personajes que acceden al *Necronomicón* en sus relatos suelen sufrir las consecuencias de su ambición por descubrir verdades ocultas. El *Necronomicón*, en este sentido, es una advertencia sobre los peligros de la curiosidad desmedida y la transgresión de los límites del conocimiento.

Una de las características más notables del *Necronomicón* es que Lovecraft logró imbuirlo de un aire de autenticidad. En sus cartas y escritos, el autor hizo referencia al *Necronomicón* como si fuera un libro real, mencionando detalles específicos sobre su supuesto autor, Abdul Alhazred, su contenido y las pocas bibliotecas que poseían copias del texto. Esta insistencia en tratar al *Necronomicón* como un objeto auténtico llevó a que muchos lectores creyeran, y algunos aún creen, que el libro realmente existía. Lovecraft incluso inventó una historia sobre cómo el libro había sido prohibido por la Iglesia en la Edad Media, lo que alimentó aún más la leyenda.

Además, otros autores cercanos a Lovecraft, como August Derleth y Clark Ashton

Smith, comenzaron a hacer referencia al *Necronomicón* en sus propios escritos, contribuyendo a expandir el mito. Esta colaboración entre autores hizo que el *Necronomicón* se convirtiera en un elemento clave dentro del ciclo de mitos lovecraftianos, consolidando su posición como uno de los libros malditos más icónicos de la literatura de terror.

Hitos históricos: La influencia del Necronomicón en la literatura y el cine esotérico

Aunque el *Necronomicón* fue una creación literaria, su influencia en la cultura esotérica y popular ha sido enorme. El libro se ha convertido en un símbolo de lo oculto, lo prohibido y lo peligroso, y ha inspirado a generaciones de escritores, cineastas y artistas a explorar el concepto del saber prohibido y los límites del conocimiento humano.

En la literatura

El *Necronomicón* ha aparecido en una vasta cantidad de obras literarias, muchas de las cuales lo tratan como un grimorio auténtico o lo integran en mitologías propias. Autores de terror, ciencia ficción y fantasía han hecho uso del *Necronomicón* como un recurso narrativo para crear un ambiente de misterio y peligro. En algunos casos, los autores han creado versiones ficticias del libro con elaboradas descripciones de su contenido y su historia, ayudando a mantener viva la leyenda.

Una de las obras más notables en la que el *Necronomicón* juega un papel central es la serie de relatos de terror del escritor estadounidense Ramsey Campbell. Campbell, quien fue un gran admirador de Lovecraft, adoptó el *Necronomicón* como parte de su propia mitología y lo utilizó como un artefacto clave en sus historias de terror cósmico.

Además, se han publicado varias versiones del *Necronomicón* a lo largo de las décadas, con autores que afirmaban haber «descubierto» el texto original mencionado por Lovecraft. Aunque todas estas versiones han sido desacreditadas como ficciones, la leyenda del libro ha seguido creciendo, y hoy en día muchos lectores continúan intrigados por la posibilidad de que el *Necronomicón* tenga alguna base en textos antiguos.

En el cine

El *Necronomicón* también ha dejado una marca profunda en el cine de terror, especialmente en películas que exploran temas de lo oculto y el conocimiento prohibido. La serie de películas *Evil Dead* (1981) es quizás la representación más famosa del *Necronomicón* en la cultura cinematográfica. En esta saga, el *Necronomicon Ex-Mortis* es un antiguo grimorio cubierto de piel humana que contiene conjuros para invocar a los demonios y desatar fuerzas oscuras. Las películas han contribuido significativamente a la popularización de la imagen del *Necronomicón* como un libro peligroso y maldito.

Otras películas, como *El ejército de las tinieblas* (1992) o *Necronomicon: Book of Dead* (1993), han seguido explotando el mito del *Necronomicón* como un artefacto central en sus tramas, enfatizando su capacidad para abrir portales a otras dimensiones o liberar entidades malignas. Estos filmes, aunque a menudo de naturaleza fantástica, han mantenido el simbolismo del libro como una puerta a lo desconocido, reforzando la percepción cultural del *Necronomicón* como una llave hacia el poder prohibido.

En la música y la cultura popular

El *Necronomicón* también ha influido en la música, especialmente en géneros como el heavy metal y el rock gótico. Bandas de metal extremo, como Metallica, Morbid Angel y Cradle of Filth, han hecho referencias al *Necronomicón* en sus canciones, usando el libro como un símbolo de rebelión contra la autoridad y como representación de lo oscuro y lo esotérico. Estas referencias han ayudado a consolidar la imagen del *Necronomicón* como un icono cultural en la música alternativa y underground.

En la cultura popular, el *Necronomicón* ha sido referenciado en videojuegos, programas de televisión y cómics, ampliando aún más su alcance. Juegos como *Call of Cthulhu* y series como *Supernatural* han utilizado el *Necronomicón* como un elemento clave en sus tramas, contribuyendo a mantener su lugar en la mitología contemporánea.

Conclusión: El Necronomicón como símbolo de los peligros del saber prohibido

Aunque el *Necronomicón* es una creación ficticia, su influencia ha sido tan extensa que ha llegado a ser percibido como un objeto real por muchos. Su mito se ha perpetuado a lo largo de las décadas, transformándose en un símbolo de lo oculto y lo prohibido. Desde sus raíces en los grimorios medievales hasta su incorporación en la literatura, el cine y la música, el *Necronomicón* ha perdurado como una advertencia sobre los peligros de buscar conocimiento que va más allá de los límites de la humanidad.

En última instancia, el *Necronomicón* representa uno de los grandes temas de la literatura de terror: la lucha entre la curiosidad humana y los límites de la comprensión. Es un recordatorio de que el deseo de saber más puede llevar a la locura, la destrucción y la pérdida de la humanidad misma.

CAPÍTULO 6: EL TAROT: SIMBOLISMO, ADIVINACIÓN Y SU IMPACTO EN EL ESOTERISMO

El Tarot es uno de los sistemas de adivinación más influyentes y enigmáticos del esoterismo occidental. A lo largo de los siglos, sus cartas han sido interpretadas de múltiples maneras, desde herramientas para el juego hasta medios para acceder al conocimiento oculto. Este capítulo explora los orígenes medievales del Tarot, su desarrollo en Italia, su influencia en sociedades secretas como la Hermetic Order of the Golden Dawn y los hitos históricos que consolidaron su posición como una herramienta esotérica fundamental en el Renacimiento y más allá.

El origen medieval del Tarot y su desarrollo en Italia

El Tarot, tal como lo conocemos hoy, tiene sus raíces en la Europa medieval, pero sus orígenes exactos siguen siendo objeto de debate entre los historiadores. A menudo se asocia con los naipes que se popularizaron en Europa en el siglo XIV, aunque los primeros mazos de Tarot no eran exclusivamente una herramienta esotérica, sino que se utilizaban para juegos de cartas. De hecho, el término «tarot» se deriva del italiano «tarocchi», un juego de cartas que surgió en el norte de Italia durante el Renacimiento.

El *Tarot Visconti-Sforza*, uno de los mazos de cartas más antiguos que se conservan, fue creado en el siglo XV en el ducado de Milán, para la familia Visconti. Este mazo incluía lo que hoy se conocen como los Arcanos Mayores, un conjunto de 22 cartas que, con el tiempo, adquirirían un significado simbólico profundo en el ámbito del esoterismo. Estas cartas incluyen figuras icónicas como el Mago, el Loco, la Estrella y la Muerte, símbolos que evocan arquetipos universales y representan aspectos tanto de la vida humana como de fuerzas cósmicas.

El diseño de estos primeros mazos de Tarot estaba influenciado por las corrientes culturales del Renacimiento italiano, donde se estaba produciendo una revitalización de la mitología clásica y el arte simbólico. Aunque inicialmente fueron utilizados para el entretenimiento de las élites, las imágenes poderosas y sugerentes de las cartas pronto comenzaron a atraer la atención de místicos y ocultistas, quienes vieron en el Tarot un sistema para desvelar las verdades ocultas del universo.

El Tarot, desde sus primeras representaciones, estaba compuesto por dos partes: los Arcanos Mayores, que constan de 22 cartas, y los Arcanos Menores, que suman 56 cartas divididas en cuatro palos (bastos, copas, espadas y oros). Mientras que los Arcanos Menores son similares a las cartas de juego tradicionales y representan aspectos cotidianos de la vida, los Arcanos Mayores se centran en la vida espiritual y los grandes misterios de la existencia. Esta división simbólica y estructural permitió que el Tarot evolucionara de un simple juego a una herramienta de meditación y adivinación.

La influencia del Tarot en sociedades secretas como la Golden Dawn

Con el tiempo, el Tarot trascendió su papel como juego de cartas y se convirtió en una herramienta esotérica fundamental en la tradición occidental, en gran parte gracias a su adopción por sociedades secretas como la Hermetic Order of the Golden Dawn. Esta influyente organización esotérica, fundada en la Inglaterra victoriana en 1888, integró el Tarot en su sistema de magia ceremonial y lo vinculó con otros sistemas esotéricos como la Cábala, la astrología y la alquimia.

Para la Golden Dawn, el Tarot era mucho más que una herramienta de adivinación. Las cartas del Tarot, especialmente los Arcanos Mayores, se consideraban símbolos poderosos que podían ser utilizados en rituales y meditaciones para acceder a planos superiores de conocimiento. Los ocultistas de la Golden Dawn, como Samuel Liddell MacGregor Mathers y Arthur Edward Waite, se dedicaron a estudiar y reinterpretar el Tarot, dotando a las cartas de significados ocultos basados en su relación con los sefirot de la Cábala y los signos astrológicos.

El Tarot también estaba vinculado al Árbol de la Vida cabalístico, un mapa místico del universo compuesto por diez esferas (sefirot) y 22 senderos que conectan estas esferas, representando el viaje del alma humana desde el plano material hasta el espiritual. Los Arcanos Mayores del Tarot se correlacionaban con estos senderos, lo que permitía a los practicantes de la Golden Dawn utilizar el Tarot como una herramienta para explorar tanto los niveles interiores del alma como los misterios del universo.

Arthur Edward Waite, uno de los miembros más destacados de la Golden Dawn, fue responsable de la creación del famoso *Tarot Rider-Waite-Smith*, publicado en 1910, en colaboración con la artista Pamela Colman Smith. Este mazo de Tarot es uno de los más populares y ampliamente utilizados en el mundo esotérico contemporáneo. Waite y Smith dotaron a las cartas de un profundo simbolismo esotérico, tomando elementos tanto de la tradición hermética como de la Cábala y el simbolismo cristiano. El mazo Rider-Waite-Smith se convirtió en un modelo para muchos otros mazos de Tarot que surgieron posteriormente y sigue siendo una referencia fundamental para los estudiosos del esoterismo.

La Golden Dawn no solo utilizaba el Tarot para la adivinación, sino también para la magia ritual y la autotransformación espiritual. Los miembros de la orden creían que las cartas podían actuar como puertas a estados de conciencia elevados, y que a través de su estudio y meditación podían alcanzar un conocimiento superior. Esta perspectiva sobre el Tarot como una herramienta mística y mágica consolidó su estatus dentro del esoterismo occidental, lo que llevó a que otras organizaciones esotéricas y ocultistas adoptaran y expandieran su uso.

Hitos históricos: *El Tarot de Marsella y su uso en el Renacimiento como herramienta de adivinación*

Uno de los mazos de Tarot más influyentes en la historia es el *Tarot de Marsella*, que surgió en Francia durante el siglo XVII y se convirtió en el modelo predominante para la interpretación esotérica del Tarot en Europa. Aunque el Tarot de Marsella comparte su estructura básica con los primeros mazos italianos, sus ilustraciones estilizadas y simplificadas le dieron una identidad propia que capturó la imaginación de generaciones de místicos y adivinos.

El Tarot de Marsella fue utilizado tanto para juegos como para adivinación, pero a lo largo del tiempo su uso esotérico ganó predominancia, especialmente con el auge del ocultismo en el siglo XIX. A medida que las ideas esotéricas y místicas florecían en Europa, las cartas del Tarot de Marsella comenzaron a interpretarse como símbolos arquetípicos del viaje del alma, un concepto que había sido desarrollado durante el Renacimiento en relación con el Tarot italiano.

El Renacimiento fue una época de revitalización del pensamiento esotérico, influenciada por el redescubrimiento de textos anti-

guos como los escritos herméticos y neoplató-
nicos. En este contexto, el Tarot se convirtió
en una herramienta popular para la adivinación y la reflexión filosófica. Los místicos
y filósofos del Renacimiento, como Marsilio
Ficino y Giovanni Pico della Mirandola, estaban profundamente interesados en la magia,
la astrología y el simbolismo oculto, y muchos
de ellos veían en el Tarot un sistema que podía revelar verdades universales.

El Tarot de Marsella, con sus imágenes arquetípicas como El Loco, El Mago y La Muerte, ofrecía una representación visual de los
grandes temas de la vida humana: el poder, la
espiritualidad, la transformación, el destino
y el libre albedrío. Los Arcanos Mayores, en
particular, representaban los hitos simbólicos
en el viaje del individuo hacia la iluminación,
y su uso en lecturas de adivinación permitía a
los practicantes explorar cuestiones persona-
les y espirituales profundas.

A finales del siglo XVIII y principios del
XIX, el interés en el Tarot se vio revitalizado
por la obra de ocultistas como Antoine Court
de Gébelin, quien sostenía que el Tarot tenía
un origen egipcio y representaba un antiguo
sistema de conocimiento perdido. Aunque
sus teorías carecían de base histórica sólida,
su interpretación mística del Tarot como una

herramienta esotérica influyó profundamente en generaciones posteriores de ocultistas. La idea de que el Tarot contenía secretos ancestrales se arraigó en la cultura esotérica, y desde entonces, el Tarot de Marsella ha sido considerado uno de los mazos más importantes en la historia del esoterismo.

El *Tarot de Marsella*, con su estilo icónico y su rica simbología, sigue siendo una de las barajas de Tarot más utilizadas en el mundo. Su influencia en el pensamiento esotérico ha perdurado durante siglos, y su uso como herramienta de adivinación, meditación y exploración espiritual continúa atrayendo a aquellos interesados en los misterios ocultos del universo.

Conclusión: El legado del Tarot en el esoterismo occidental

El Tarot, desde sus orígenes en el Renacimiento italiano hasta su adopción por sociedades secretas y ocultistas en el siglo XIX, ha jugado un papel crucial en la historia del esoterismo occidental. Su simbolismo, profundamente arraigado en la tradición mística y filosófica, ha permitido a generaciones de practicantes acceder a una comprensión más profunda de los misterios de la existencia humana y cósmica.

El Tarot de Marsella, junto con otros mazos influyentes como el Rider-Waite-Smith, ha continuado evolucionando como una herramienta de autodescubrimiento y adivinación, consolidando su lugar en la tradición esotérica. A través de su simbolismo arquetípico, el Tarot ofrece un mapa del viaje espiritual y psíquico del ser humano, y sigue siendo un poderoso medio para aquellos que buscan respuestas en lo oculto.

El impacto del Tarot en el pensamiento occidental, desde su uso en las cortes del Renacimiento hasta su adopción por sociedades secretas como la Golden Dawn, lo convierte en uno de los sistemas esotéricos más perdurables. Como herramienta de adivinación y como vehículo de reflexión filosófica y espiritual, el Tarot sigue siendo una puerta hacia lo desconocido, un espejo en el que el alma humana puede buscar su propio reflejo y su lugar en el cosmos.

El origen medieval del Tarot y su desarrollo en Italia

El Tarot tiene sus raíces en la Europa medieval, cuando los juegos de cartas comenzaron a popularizarse a finales del siglo XIV y principios del XV. Aunque los primeros mazos de cartas no fueron diseñados específicamente para la adivinación, el simbolismo presente en los primeros Tarots italianos comenzó a adquirir connotaciones esotéricas y místicas. Los primeros mazos de Tarot conocidos, como el *Tarot Visconti-Sforza*, creados para la aristocracia milanesa en el siglo XV, presentan una estructura que luego se mantendría: 78 cartas divididas entre los Arcanos Mayores y los Arcanos Menores.

El Tarot italiano del Renacimiento estaba influenciado por el arte, la filosofía y las ideas esotéricas que florecían en esa época. Italia fue un crisol de culturas, y los símbolos presentes en los primeros mazos reflejan una amalgama de influencias cristianas, mitológicas y filosóficas, entrelazadas con el creciente interés por el conocimiento oculto. Los Arcanos Mayores del Tarot, como El Mago, La Estrella y La Muerte, representan fuerzas arquetípicas que resonaban con las creencias y preocupaciones espirituales de la época, convirtiéndose en símbolos de la evolución espiritual del individuo y del cosmos.

Aunque en su origen los mazos de Tarot se utilizaban principalmente como un juego de entretenimiento para la nobleza, el simbolismo presente en las cartas y su estructura jerárquica pronto despertaron el interés de místicos y filósofos que vieron en el Tarot un sistema de adivinación y autodescubrimiento. Las imágenes arquetípicas de los Arcanos Mayores empezaron a interpretarse como representaciones de los distintos estadios del viaje del alma, y las cartas se utilizaron como una herramienta de meditación y exploración interna.

La influencia del Tarot en sociedades secretas como la Golden Dawn

El resurgimiento del Tarot como herramienta esotérica alcanzó su máximo esplendor en el siglo XIX, con el auge de sociedades ocultistas como la Hermetic Order of the Golden Dawn. Fundada en 1888, la Golden Dawn fue una de las organizaciones esotéricas más influyentes de su época, y adoptó el Tarot como un componente central de sus prácticas rituales y filosóficas.

Los miembros de la Golden Dawn, entre ellos figuras prominentes como Samuel Liddell MacGregor Mathers y Arthur Edward Waite, consideraban el Tarot como un sistema simbólico que contenía los secretos del universo. A través de una compleja red de correspondencias con la Cábala, la astrología, la alquimia y la numerología, el Tarot ofrecía una clave para comprender la relación entre el macrocosmos (el universo) y el microcosmos (el ser humano).

En la Golden Dawn, el Tarot no solo se utilizaba para la adivinación, sino también como una herramienta para la magia ceremonial. Los Arcanos Mayores, en particular, se interpretaron como representaciones de principios cósmicos y espirituales que podían ser invocados o utilizados en rituales de transformación personal y espiritual. Cada carta del Tarot estaba asociada con una letra del alfabeto hebreo, un signo astrológico o un sendero en el Árbol de la Vida cabalístico, lo que convertía al Tarot en un sistema de correspondencias esotéricas extremadamente complejo.

El mazo *Rider-Waite-Smith*, diseñado en 1910 por Arthur Edward Waite y la artista Pamela Colman Smith, es uno de los resultados más importantes del enfoque esotérico del Tarot desarrollado por la Golden Dawn. Este mazo, que ha tenido una enorme influencia en la cultura esotérica moderna, incorporó el simbolismo cabalístico y astrológico de la Golden Dawn, dotando a cada carta de múltiples niveles de interpretación. El *Rider-Waite-Smith* también introdujo un enfoque más visual y simbólico en los Arcanos Menores, lo que permitió que las cartas fueran más accesibles y útiles en las lecturas de Tarot.

La influencia de la Golden Dawn y del mazo *Rider-Waite-Smith* en el desarrollo del Tarot esotérico no puede subestimarse. Gracias a estas innovaciones, el Tarot se consolidó como una herramienta central en la práctica esotérica del siglo XX, influyendo no solo en la adivinación, sino también en la magia ritual, la meditación y el autodescubrimiento espiritual.

Hitos históricos: El Tarot de Marsella y su uso en el Renacimiento como herramienta de adivinación

Uno de los mazos de Tarot más influyentes en la historia es el *Tarot de Marsella*, un conjunto de cartas que emergió en el siglo XVII en Francia y que se convirtió en el modelo dominante para la práctica del Tarot en Europa. A diferencia de otros mazos de la época, el *Tarot de Marsella* se caracterizaba por sus ilustraciones estilizadas y su estructura simbólica clara, lo que lo convirtió en el mazo preferido tanto para el juego como para la adivinación.

El *Tarot de Marsella* comparte la misma estructura que otros mazos tradicionales de Tarot: 78 cartas divididas entre los 22 Arcanos Mayores y los 56 Arcanos Menores. Sin embargo, sus ilustraciones y símbolos adquirieron una relevancia especial, en parte debido a la simplicidad y profundidad de sus imágenes, que representaban ideas arquetípicas y universales. Cartas como El Loco, La Torre y El Juicio, que representan respectivamente la búsqueda, la destrucción y la renovación, se convirtieron en poderosos símbolos para la meditación y la predicción.

El *Tarot de Marsella* fue utilizado tanto por ocultistas como por adivinos que veían en sus imágenes un reflejo de los grandes misterios del universo. Su uso como herramienta de adivinación ganó popularidad a lo largo de los siglos XVII y XVIII, especialmente entre los círculos esotéricos franceses, donde se asociaba con tradiciones más amplias de ocultismo y misticismo. El interés por el Tarot de Marsella se vio reforzado por figuras como Antoine Court de Gébelin, un ocultista francés que en el siglo XVIII promovió la idea de que el Tarot contenía antiguos conocimientos egipcios.

Aunque las teorías de Gébelin sobre los orígenes egipcios del Tarot carecen de fundamentos históricos, su obra ayudó a popularizar el uso del Tarot como una herramienta esotérica. Gébelin creía que las cartas del Tarot contenían un código secreto que revelaba los misterios del universo y la historia oculta de la humanidad. Su interpretación del Tarot como una fuente de conocimiento antiguo resonó con el espíritu de la época, cuando las ideas esotéricas y el ocultismo ganaban terreno en Europa.

El uso del Tarot de Marsella como herramienta de adivinación también se consolidó durante este periodo, y su estructura simbólica fue adoptada por ocultistas y místicos de todo el continente. A diferencia de otros mazos de cartas, el Tarot de Marsella presentaba imágenes que no solo facilitaban la predicción del futuro, sino que también ofrecían una representación visual del viaje espiritual del ser humano a través de las diferentes etapas de la vida.

A lo largo de los siglos, el *Tarot de Marsella* ha mantenido su relevancia en el esoterismo occidental. Su simbología arquetípica y su estructura sencilla lo convierten en un recurso inagotable para la meditación, la autocomprensión y la adivinación. Hoy en día, sigue siendo uno de los mazos más utilizados y respetados por los practicantes de Tarot en todo el mundo.

Conclusión: El impacto duradero del Tarot en el esoterismo occidental

A lo largo de los siglos, el Tarot ha evolucionado desde un juego de cartas medieval hasta convertirse en una de las herramientas más poderosas del esoterismo occidental. A través de su desarrollo en la Italia renacentista, su adopción por sociedades secretas como la Golden Dawn y su consolidación en la cultura esotérica mediante el *Tarot de Marsella*, el Tarot ha dejado una marca indeleble en la historia del misticismo y la adivinación.

El impacto del Tarot en la cultura esotérica occidental no se limita a la adivinación. Su rico simbolismo, su estructura jerárquica y su conexión con sistemas más amplios como la Cábala y la astrología lo convierten en una herramienta de autoconocimiento y reflexión espiritual. Para muchos practicantes, el Tarot sigue siendo un espejo que refleja las complejidades del alma humana, así como una guía para navegar los misterios del universo.

El Tarot, con su combinación de imágenes arquetípicas y significados esotéricos, sigue atrayendo a quienes buscan respuestas a las preguntas más profundas de la vida. Ya sea utilizado para la adivinación, la meditación o la magia ritual, el Tarot continúa siendo una puerta hacia lo desconocido, una ventana simbólica a través de la cual los seres humanos pueden explorar su destino, su lugar en el cosmos y su conexión con lo divino.

CAPÍTULO 7: ALEISTER CROWLEY: MAGIA, THELEMA Y LA REVOLUCIÓN DEL OCULTISMO MODERNO

Aleister Crowley es una de las figuras más influyentes y controvertidas en la historia del esoterismo moderno. Su vida estuvo marcada por una búsqueda incesante de la verdad espiritual, combinada con un desafío a las normas sociales y religiosas de su tiempo. A lo largo de su vida, Crowley promovió un enfoque revolucionario hacia la magia y el ocultismo, cristalizado en su filosofía de *Thelema*, que sería fundamental para el renacimiento del ocultismo en el siglo XX y su influencia en la contracultura. Este capítulo examina la vida de Crowley, la creación de Thelema, y su legado dentro de sociedades ocultas y movimientos culturales.

La vida de Crowley y su influencia en el esoterismo del siglo XX

Nacido en 1875 en una familia británica profundamente religiosa, Edward Alexander Crowley (más tarde conocido como Aleister Crowley) creció en un entorno donde el cristianismo estricto dominaba su vida. Sin embargo, desde joven Crowley mostró una inclinación hacia el misticismo y la rebeldía contra las normas religiosas y sociales de su tiempo. Este conflicto interno con los valores conservadores de su familia lo llevó a explorar el ocultismo y a interesarse por las enseñanzas místicas y esotéricas de diversas tradiciones.

A finales del siglo XIX, Crowley se unió a la Hermetic Order of the Golden Dawn, una sociedad secreta esotérica en Londres que combinaba la Cábala, la alquimia, la magia ceremonial y otras tradiciones esotéricas. Fue en la Golden Dawn donde Crowley comenzó a desarrollar sus habilidades en la magia ritual y a profundizar en su conocimiento sobre la espiritualidad oculta. Sin embargo, su estancia en la Golden Dawn estuvo plagada de conflictos internos con otros miembros, incluido Samuel Liddell MacGregor Mathers, uno de los fundadores de la orden. Estos desacuerdos culminaron con la eventual salida de Crowley de la Golden Dawn, pero no sin antes haber aprendido y absorbido gran parte de sus enseñanzas ocultas.

A lo largo de su vida, Crowley viajó extensamente, visitando Egipto, India y otras regiones donde estudió religiones antiguas, filosofías orientales y prácticas místicas. En 1904, durante un viaje a El Cairo, afirmó haber recibido una revelación de una entidad espiritual llamada Aiwass, que le dictó el *Libro de la Ley*, texto fundamental que estableció la base de su nueva filosofía espiritual, conocida como Thelema. Este evento marcó un punto de inflexión en la vida de Crowley y cimentó su papel como profeta de una nueva era de libertad espiritual.

Crowley se autoproclamó *La Gran Bestia 666*, un título tomado de la simbología del Apocalipsis cristiano, y promovió una filosofía de autoafirmación, libertad y poder individual que se oponía al cristianismo ortodoxo y otras doctrinas convencionales. Durante su vida, fue objeto de crítica por su estilo de vida libertino y por su enfoque desinhibido hacia el sexo, las drogas y la magia. No obstante, su influencia en el esoterismo y su legado como mago y filósofo oculto sigue siendo inmenso.

La creación de Thelema y los rituales mágicos

El sistema de *Thelema*, cuyo nombre deriva del griego «voluntad», fue el núcleo de la filosofía de Crowley. Su famoso aforismo «Haz lo que quieras será toda la ley», extraído del *Libro de la Ley*, encapsula el principio fundamental de esta doctrina: el individuo debe descubrir y seguir su verdadera voluntad, es decir, su propósito espiritual y cósmico, sin interferencia de restricciones morales o sociales. Thelema promueve la autoexploración, la libertad personal y la búsqueda de la unión con lo divino.

El *Libro de la Ley*, dictado supuestamente por Aiwass en 1904, contiene tres capítulos que exponen los principios de Thelema. Estos textos proclamaban el inicio de una nueva era mágica, la Era de Horus, en la que los antiguos sistemas religiosos y morales serían reemplazados por una espiritualidad basada en la libertad personal. Según Crowley, Thelema ofrecía un camino hacia la realización espiritual a través de la magia, la meditación y la comunión con las fuerzas cósmicas.

Crowley integró sus ideas filosóficas y espirituales en un sistema mágico estructurado que combinaba elementos de diversas tradiciones esotéricas, incluyendo la magia ceremonial de la Golden Dawn, el yoga, la Cábala y el tantra. Creía que la magia era una herramienta para alinear la voluntad del individuo con las fuerzas cósmicas, y que al practicar rituales mágicos, uno podía acceder a planos superiores de existencia y obtener poder sobre la naturaleza y el destino.

Entre los rituales más importantes desarrollados por Crowley estaba el *Liber Resh*, una serie de invocaciones diarias al Sol que servían para armonizar al practicante con los ciclos naturales del cosmos. También introdujo el *Ritual del Pentagrama*, un rito de protección que empleaba símbolos cabalísticos y astrológicos para invocar fuerzas benéficas y rechazar energías negativas. Estos rituales se combinaban con prácticas de meditación y visualización, todas diseñadas para transformar al mago y ayudarlo a cumplir su verdadera voluntad.

Además de la práctica mágica, el sistema de Thelema estaba profundamente conectado con la sexualidad. Crowley consideraba el sexo no solo como una expresión física, sino como una fuerza mágica en sí misma, capaz de ser canalizada para obtener logros espirituales y materiales. El desarrollo de lo que Crowley denominó «magia sexual» fue uno de sus mayores aportes al esoterismo moderno, y sus rituales involucraban el uso del sexo como un medio para alcanzar estados alterados de conciencia y conectarse con energías cósmicas.

La sexualidad, la magia ceremonial y la meditación eran pilares del sistema mágico de Thelema, y Crowley difundió estas prácticas a través de su extensa obra escrita, que incluía textos como *Magick in Theory and Practice* y *The Book of Thoth*. A lo largo de su vida, Crowley formó una red de seguidores que adoptaron Thelema y lo vieron como un maestro espiritual, aunque sus ideas fueron consideradas radicales y a menudo escandalosas por el público general.

Hitos históricos: La conexión de Crowley con la Golden Dawn, la O.T.O. y su impacto en la contracultura

El primer gran vínculo de Crowley con el ocultismo organizado fue su ingreso a la Hermetic Order of the Golden Dawn, donde recibió las enseñanzas fundamentales de la magia ceremonial y la Cábala. Sin embargo, su ruptura con la Golden Dawn fue definitiva cuando, tras un conflicto con MacGregor Mathers, Crowley intentó hacerse con el control de una de las ramas de la orden. A pesar de esto, su tiempo en la Golden Dawn fue crucial para su desarrollo como mago y esoterista, y muchos de los rituales y enseñanzas que aprendió allí influyeron en su posterior trabajo con Thelema.

Después de su salida de la Golden Dawn, Crowley se unió a la Ordo Templi Orientis (O.T.O.), una sociedad secreta que originalmente se enfocaba en la magia sexual y el rosacrucianismo. Crowley ascendió rápidamente en los rangos de la O.T.O. y eventualmente reestructuró gran parte de la orden, integrando Thelema como su base filosófica. Bajo la dirección de Crowley, la O.T.O. adoptó la magia sexual como un elemento central de sus rituales y prácticas, y la orden se convirtió en uno de los principales vehículos para la difusión de las ideas de Thelema en Europa y América.

Crowley también estableció la *Abbey of Thelema* en Cefalú, Sicilia, en 1920, un espacio dedicado a la práctica de la magia y los rituales de Thelema. Aunque la Abadía fue clausurada por las autoridades italianas en 1923 debido a la reputación escandalosa de Crowley y las acusaciones de comportamiento inmoral, sigue siendo una de las manifestaciones más famosas de su intento por crear una comunidad basada en los principios de Thelema.

La influencia de Crowley no se limitó a sus seguidores ocultistas; su impacto en la contracultura del siglo XX, particularmente en los movimientos de la década de 1960 y 1970, fue inmenso. Artistas, músicos y escritores como Jimmy Page, los Beatles, David Bowie y Led Zeppelin se sintieron atraídos por la filosofía de libertad personal y autoafirmación de Crowley. Su famosa declaración «Haz lo que quieras será toda la ley» se convirtió en un lema para los movimientos de liberación contracultural que surgieron en esos años.

Crowley también influyó en la literatura y el cine, y su figura ha sido retratada en numerosas obras de ficción y documentales. Aunque en vida fue visto por muchos como un excéntrico y un libertino, su legado ha sido revalorado como un pionero de la espiritualidad moderna y la magia.

CAPÍTULO 8: LA MALDICIÓN DE LOS FARAONES: MISTICISMO EGIPCIO Y LOS MISTERIOS DE LAS PIRÁMIDES

El Antiguo Egipto ha fascinado a generaciones por su riqueza cultural, sus misterios ocultos y su enfoque en la vida después de la muerte. Entre sus muchos enigmas, la figura de los faraones y las pirámides ha capturado la imaginación de historiadores, arqueólogos y esoteristas. La creencia en la maldición de los faraones, alimentada por el descubrimiento de la tumba de Tutankamón, ha consolidado la idea de que estos antiguos reyes egipcios poseían poderes más allá de la muerte. Este capítulo examina el simbolismo ocultista de las pirámides, la leyenda de la maldición de Tutankamón y su impacto en la arqueología, y los hitos históricos que rodean los descubrimientos de los misterios del Antiguo Egipto.

El simbolismo ocultista de las pirámides y su relación con la vida después de la muerte

Las pirámides de Egipto son estructuras que no solo deslumbran por su magnitud y precisión arquitectónica, sino que también encierran un profundo simbolismo relacionado con el misticismo y la vida después de la muerte. Estas majestuosas construcciones, especialmente las pirámides de Giza, fueron diseñadas como tumbas para los faraones, concebidas como lugares sagrados donde el monarca comenzaría su viaje hacia la eternidad.

En el pensamiento egipcio, la vida después de la muerte era uno de los pilares fundamentales de su cosmovisión. Los faraones, considerados encarnaciones divinas en la Tierra, no solo gobernaban en vida, sino que también tenían un papel en el más allá, donde seguirían protegiendo a su pueblo y manteniendo el orden cósmico. Las pirámides, en este sentido, no solo eran tumbas, sino portales místicos hacia el *Duat*, el inframundo egipcio. El diseño de las pirámides y los textos funerarios, como el *Libro de los Muertos*, buscaban asegurar que el faraón tuviera un viaje seguro a través de este reino y alcanzara la inmortalidad junto a los dioses.

El simbolismo oculto de las pirámides está profundamente vinculado con su forma geométrica, que ha sido objeto de numerosas interpretaciones esotéricas. La forma piramidal, con una base cuadrada y una punta que asciende hacia el cielo, ha sido vista como un reflejo del principio de ascensión espiritual: la unión del plano terrenal con el plano celestial. Desde un punto de vista esotérico, las pirámides simbolizan la elevación del alma desde lo material hacia lo espiritual, guiando al iniciado a través de un proceso de purificación y trascendencia. En las tradiciones ocultistas posteriores, como la masonería, la pirámide se convirtió en un símbolo de sabiduría oculta y de la búsqueda del conocimiento místico.

En la cultura egipcia, la orientación de las pirámides también tenía un profundo significado espiritual. Las pirámides de Giza, por ejemplo, están alineadas con las estrellas de la constelación de Orión, asociadas con el dios Osiris, señor del inframundo y dios de la resurrección. Esta alineación refuerza la idea de que las pirámides no solo eran monumentos funerarios, sino también estructuras cósmicas que conectaban el reino de los vivos con el de los dioses. Para los egipcios, la muerte no era un final, sino una transición hacia una nueva forma de existencia en el más allá, y las pirámides representaban el vehículo a través del cual el faraón alcanzaba esta transformación.

La maldición de Tutankamón y su impacto en la arqueología

El mito de la «maldición de los faraones» cobró fama mundial tras el descubrimiento de la tumba de Tutankamón en 1922 por el arqueólogo británico Howard Carter. Aunque Tutankamón no fue uno de los faraones más poderosos de Egipto, su tumba, encontrada casi intacta, deslumbró al mundo por la riqueza y el esplendor de los tesoros funerarios que contenía. Sin embargo, la emoción por el descubrimiento pronto fue eclipsada por una serie de muertes y desgracias que afectaron a aquellos que estuvieron relacionados con la apertura de la tumba.

El mecenas de la expedición, Lord Carnarvon, fue el primero en fallecer poco después de la apertura de la tumba. Su muerte, causada por una infección tras una picadura de mosquito, fue interpretada por algunos como el resultado de la maldición de los faraones. La prensa sensacionalista exacerbó el mito, y las historias de maldiciones antiguas que caían sobre quienes perturbaban las tumbas de los reyes egipcios comenzaron a proliferar. Con el tiempo, otras personas relacionadas con la excavación también experimentaron accidentes o enfermedades, lo que avivó la creencia en la maldición.

El concepto de una maldición de los faraones no era una creación moderna, sino que tiene raíces en las creencias funerarias del Antiguo Egipto. Los egipcios protegían celosamente sus tumbas y creían que los que las profanaban sufrirían la ira de los dioses y de los muertos. Aunque no se ha encontrado una maldición explícita en la tumba de Tutankamón, se sabe que muchas tumbas del Antiguo Egipto contenían inscripciones que advertían de las terribles consecuencias que caerían sobre aquellos que osaran violarlas. Estos textos, escritos en las paredes de las tumbas, no solo eran advertencias, sino que también reforzaban el poder del difunto en el más allá.

La fascinación con la maldición de Tutankamón tuvo un impacto duradero en la arqueología y en la percepción del Antiguo Egipto. Si bien la ciencia ha desmentido la existencia de una maldición real, el mito ha perdurado como una leyenda moderna que mezcla el misterio, el terror y el esoterismo. La historia de la maldición ha sido ampliamente explorada en la literatura, el cine y los medios de comunicación, y ha contribuido a alimentar el aura mística que rodea a la civilización egipcia.

Hitos históricos: El descubrimiento de la tumba de Tutankamón y los misterios del Antiguo Egipto

El descubrimiento de la tumba de Tutankamón es uno de los hitos más importantes en la historia de la arqueología. La expedición liderada por Howard Carter en el Valle de los Reyes culminó en 1922 con el hallazgo de una tumba casi intacta, algo extremadamente raro, ya que la mayoría de las tumbas de los faraones habían sido saqueadas en la antigüedad. La tumba de Tutankamón no solo contenía un tesoro inmenso de artefactos, joyas y estatuas, sino que también ofrecía a los arqueólogos una visión sin precedentes de los ritos funerarios y la creencia en la vida después de la muerte en el Antiguo Egipto.

Tutankamón, quien ascendió al trono a una edad temprana y murió cuando aún era un adolescente, no fue un faraón de gran relevancia política en su tiempo. Sin embargo, su tumba y su icónica máscara funeraria se convirtieron en símbolos del esplendor de la civilización egipcia y en una ventana al mundo espiritual de los faraones. La tumba contenía todo lo que el joven rey necesitaría para su viaje al más allá: armas, alimentos, carros, joyas, estatuas de dioses y sirvientes mágicos conocidos como *ushabtis,* que se creía que cobrarían vida para servir al faraón en el otro mundo.

El descubrimiento de la tumba de Tutankamón reavivó el interés global por la Egiptología y los misterios del Antiguo Egipto. A través de este hallazgo, el mundo occidental se familiarizó con los complejos rituales funerarios y el sofisticado simbolismo espiritual que rodeaba la vida y la muerte en Egipto. La detallada decoración de las cámaras funerarias, los textos sagrados inscritos en las paredes y la disposición de los objetos en la tumba ofrecían a los arqueólogos un tesoro de información sobre cómo los egipcios concebían la inmortalidad y la trascendencia.

El descubrimiento de la tumba de Tutankamón también reavivó el interés en otros misterios del Antiguo Egipto, como las Pirámides de Giza, los templos de Luxor y Karnak, y los textos sagrados inscritos en los monumentos. Los enigmas sobre cómo se construyeron las pirámides, la exactitud astronómica de sus alineaciones y el papel de los sacerdotes y faraones en la preservación del orden cósmico siguen fascinando a arqueólogos, historiadores y esoteristas.

CAPÍTULO 9: LOS ILLUMINATI: CONSPIRACIONES, PODER Y SU LEGADO EN LA HISTORIA MODERNA

La Orden de los Illuminati es, sin duda, uno de los grupos más enigmáticos y envueltos en misterio de la historia moderna. Desde su creación en la Ilustración, su nombre ha estado asociado con conspiraciones de poder, revoluciones políticas y la dominación global. A lo largo de los siglos, los Illuminati han pasado de ser una sociedad secreta de intelectuales a convertirse en un símbolo recurrente en las teorías conspirativas. Este capítulo examina el origen de los Illuminati en el contexto de la Ilustración, su influencia en los movimientos revolucionarios del siglo XVIII y los hitos históricos que condujeron a su disolución en Baviera y al surgimiento de teorías conspirativas modernas.

El origen de los Illuminati en la Ilustración

La Orden de los Illuminati fue fundada el 1 de mayo de 1776 por Adam Weishaupt, un profesor de derecho canónico en la Universidad de Ingolstadt, Baviera. Weishaupt, influenciado por los ideales de la Ilustración, creía que la sociedad de su tiempo estaba dominada por la ignorancia, la superstición y las instituciones represivas, especialmente la Iglesia y el Estado. Decidido a cambiar esta situación, Weishaupt fundó una sociedad secreta que pretendía difundir los valores de la razón, la libertad y la igualdad, con el objetivo de transformar la sociedad desde adentro.

El nombre «Illuminati» deriva de la palabra latina *illuminatus*, que significa «iluminado». Para Weishaupt, los Illuminati representaban a una élite intelectual que había sido iluminada por el conocimiento y la verdad. Los miembros de la orden eran reclutados principalmente entre las clases educadas de la sociedad, incluidos filósofos, científicos y políticos, que compartían el deseo de reformar el mundo según los principios de la razón y el humanismo. La estructura de la orden estaba inspirada en otras organizaciones secretas, como la masonería, de la cual Weishaupt adoptó ciertos rituales y grados jerárquicos.

Aunque los Illuminati promovían los ideales de la Ilustración, su carácter secreto les permitió operar sin el escrutinio público y les proporcionó una vía para influir en la política y la sociedad de su tiempo. La orden tenía una estructura jerárquica estricta, con diferentes grados de iniciación que permitían a los miembros acceder gradualmente a los secretos y conocimientos más profundos de la organización. Además, los Illuminati se infiltraron en otras sociedades secretas, como las logias masónicas, lo que les permitió aumentar su influencia en toda Europa.

Uno de los objetivos principales de la orden era debilitar el poder de las instituciones religiosas y absolutistas que controlaban Europa, promoviendo la idea de una sociedad basada en la razón y la ciencia. Weishaupt y sus seguidores creían que la humanidad solo podría alcanzar su verdadero potencial si se liberaba de las restricciones impuestas por las autoridades tradicionales. En este sentido, los Illuminati estaban alineados con las corrientes más radicales de la Ilustración, que defendían la emancipación del individuo y la lucha contra la tiranía.

Su influencia en las revoluciones del siglo XVIII

Los Illuminati, aunque operaban principalmente en el ámbito intelectual, han sido objeto de especulaciones sobre su influencia en los movimientos revolucionarios que sacudieron Europa a finales del siglo XVIII. En particular, algunos historiadores y teóricos de la conspiración han sugerido que los Illuminati jugaron un papel importante en la Revolución Francesa de 1789, uno de los eventos más transformadores de la historia moderna. Según estas teorías, los ideales de libertad, igualdad y fraternidad que impulsaron la revolución coincidían con los principios defendidos por los Illuminati.

Si bien no existen pruebas concluyentes de que los Illuminati tuvieran un papel directo en la Revolución Francesa, es cierto que los ideales de la Ilustración que promovían resonaron profundamente en los movimientos revolucionarios de la época. Los Illuminati abogaban por la abolición de los privilegios de la nobleza y el clero, la promoción de la educación y el conocimiento racional, y la creación de una sociedad más justa y equitativa. Estos mismos ideales fueron los que inspiraron a los revolucionarios franceses a derrocar el Antiguo Régimen y establecer una república basada en los derechos humanos.

La Revolución Francesa fue vista por muchos contemporáneos como una amenaza existencial para las monarquías y las instituciones tradicionales en toda Europa. Como resultado, surgieron numerosas teorías conspirativas que acusaban a los Illuminati de estar detrás de la revolución, trabajando en secreto para desmantelar el poder de las élites gobernantes y crear un nuevo orden mundial. Estas teorías se basaban en la idea de que los Illuminati, operando a través de las logias masónicas y otras sociedades secretas, habían manipulado a los líderes revolucionarios para llevar a cabo su agenda de cambio radical.

Aunque estas acusaciones no han sido respaldadas por pruebas históricas sólidas, el mito de la participación de los Illuminati en la Revolución Francesa y otros movimientos revolucionarios se ha mantenido vivo hasta nuestros días. A lo largo del siglo XIX y XX, la figura de los Illuminati continuó siendo asociada con ideas de conspiración, revolución y manipulación política, alimentando una narrativa que veía a esta orden secreta como una fuerza oculta que trabaja entre bastidores para controlar el destino del mundo.

Hitos históricos: La disolución de la Orden en Baviera y el surgimiento de teorías conspirativas modernas

A pesar de su creciente influencia en los círculos intelectuales y políticos, la Orden de los Illuminati no tardó en atraer la atención de las autoridades. En 1784, el Elector de Baviera, Carlos Teodoro, emitió un edicto que prohibía todas las sociedades secretas, incluida la masonería y los Illuminati, como parte de un esfuerzo más amplio por consolidar el poder del Estado y evitar cualquier tipo de insurrección o conspiración. En 1785, se emitió un segundo edicto que específicamente disolvía la Orden de los Illuminati, y Weishaupt fue destituido de su puesto académico y obligado a huir de Baviera.

El gobierno bávaro llevó a cabo una serie de redadas en las propiedades de los miembros de los Illuminati, confiscando documentos que revelaban detalles sobre la organización y sus objetivos. Estos documentos, que incluían correspondencia privada y planes para influir en la política local, fueron utilizados para desacreditar a la orden y justificar su disolución. Adam Weishaupt pasó el resto de su vida en el exilio, aunque continuó escribiendo sobre filosofía y política, pero la Orden de los Illuminati, tal como se conocía, fue desmantelada.

Sin embargo, la disolución oficial de los Illuminati no marcó el final de su historia. A medida que la orden desaparecía de la vida pública, comenzaron a surgir teorías que sostenían que los Illuminati no solo seguían existiendo en secreto, sino que también habían ampliado su influencia a nivel global. Estas teorías conspirativas afirmaban que los Illuminati operaban tras bambalinas, controlando gobiernos, economías y sistemas de poder para llevar a cabo un plan de dominación mundial. La idea de un «Nuevo Orden Mundial» bajo el control de los Illuminati se convirtió en una de las teorías conspirativas más persistentes de la historia moderna.

A lo largo del siglo XX, los Illuminati fueron vinculados con una amplia gama de fenómenos y eventos históricos. Desde las dos guerras mundiales hasta la creación de organizaciones internacionales como las Naciones Unidas y el Fondo Monetario Internacional, los teóricos de la conspiración afirmaban que los Illuminati estaban detrás de estos desarrollos, trabajando para establecer un gobierno mundial único que dominaría a la humanidad. Además, los Illuminati han sido asociados con figuras prominentes del mundo político y empresarial, así como con la industria del entretenimiento, donde supuestamente ejercen su influencia a través de símbolos y mensajes ocultos.

Estas teorías alcanzaron un nuevo nivel de popularidad con la llegada de Internet, que permitió la rápida difusión de narrativas conspirativas y especulaciones sobre los Illuminati. En la actualidad, el término «Illuminati» se ha convertido en sinónimo de cualquier grupo de poderosos individuos que supuestamente manipulan el destino del mundo en secreto. Aunque no existe evidencia sólida de que los Illuminati sigan operando, su legado como símbolo de conspiración y poder oculto sigue siendo una parte integral de la cultura contemporánea.

Conclusión: Los Illuminati como símbolo de poder y conspiración en la historia moderna

Aunque la Orden de los Illuminati de Baviera tuvo una existencia relativamente breve, su impacto en la historia y en la imaginación popular ha sido duradero. Desde sus orígenes en la Ilustración como una sociedad secreta dedicada a la difusión de los ideales racionalistas, hasta su asociación con las revoluciones del siglo XVIII y su conversión en un símbolo de conspiración global, los Illuminati han capturado la imaginación de generaciones de personas que ven en ellos una fuerza oculta que da forma al destino de la humanidad.

La disolución oficial de la orden en 1785 no marcó el fin de su influencia. Por el contrario, las teorías conspirativas que surgieron a lo largo de los siglos XIX y XX ayudaron a mantener vivo el mito de los Illuminati, convirtiéndolos en una figura central en las narrativas sobre el poder oculto y la manipulación global. Si bien los Illuminati históricos eran una sociedad de intelectuales que promovían los ideales de la Ilustración, su nombre ha llegado a simbolizar la desconfianza en el poder y las instituciones, y su legado continúa moldeando la forma en que percibimos la relación entre el poder, la conspiración y el control en el mundo moderno.

CAPÍTULO 10: EL VUDÚ: MAGIA ANCESTRAL Y LOS MISTERIOS DE LA MUERTE EN ÁFRICA Y AMÉRICA

El vudú es una de las prácticas espirituales más incomprendidas y estigmatizadas del mundo, aunque su influencia cultural y religiosa ha perdurado durante siglos. Originario de África Occidental, el vudú se expandió a través del Caribe, especialmente en Haití, donde adquirió un papel fundamental en la historia de la independencia. Este capítulo examina los orígenes del vudú en África, su relación con el colonialismo europeo y su impacto en eventos históricos clave, como la Revolución Haitiana.

Los orígenes del vudú en África Occidental y su expansión en el Caribe

El vudú tiene sus raíces en las tradiciones religiosas de los pueblos de África Occidental, principalmente entre los pueblos fon, ewe y yoruba, quienes desarrollaron complejos sistemas de creencias que conectaban lo espiritual con lo cotidiano. En estas culturas, el mundo estaba animado por fuerzas invisibles y deidades llamadas *loas* o *orishas*, que interactuaban con los seres humanos, influenciando su destino y protegiendo a las comunidades. La cosmología vudú está profundamente entrelazada con el concepto de lo sagrado y lo espiritual, en el que el mundo de los vivos y el de los muertos están en constante interacción.

Los ritos vudú están diseñados para honrar a los *loas* y a los antepasados, quienes pueden ofrecer guía, protección o maldiciones según el respeto y las ofrendas que reciban. Los sacerdotes, llamados *houngans* (sacerdotes masculinos) y *mambos* (sacerdotisas), actúan como intermediarios entre el mundo humano y el espiritual, llevando a cabo rituales para invocar a los espíritus y mantener el equilibrio en la comunidad. En África, el vudú se practicaba principalmente en el reino de Dahomey (actual Benín), donde los rituales y creencias espirituales eran una parte integral de la vida cotidiana y del gobierno.

Con la llegada del comercio de esclavos durante los siglos XVI y XVII, miles de africanos fueron capturados y transportados a las Américas, llevando consigo sus creencias y prácticas religiosas. En este proceso traumático, el vudú fue una de las pocas conexiones que los esclavizados mantuvieron con su herencia cultural, aunque las condiciones en las plantaciones y la influencia del cristianismo europeo llevaron a una fusión sincrética de creencias.

El vudú en el Caribe, especialmente en Haití, se transformó bajo el colonialismo y el cristianismo. Los esclavizados adaptaron sus creencias a las nuevas realidades, mezclando elementos del catolicismo con las prácticas africanas. Los santos católicos se asociaron con los *loas*, y los rituales cristianos como el bautismo y las procesiones se integraron en las ceremonias vudú. Esta sincretización permitió que el vudú sobreviviera a pesar de las duras condiciones impuestas por los colonos europeos y la iglesia.

La relación entre el vudú y el colonialismo europeo

El vudú, al igual que otras prácticas espirituales africanas, fue visto con desdén y temor por los colonizadores europeos. El colonialismo europeo trató de suprimir las religiones africanas, considerándolas como supersticiones primitivas o, peor aún, como brujería. Sin embargo, los esclavizados resistieron esta represión manteniendo sus tradiciones en secreto, y el vudú se convirtió en un símbolo de resistencia cultural y espiritual frente a la opresión colonial.

El poder del vudú no residía solo en su capacidad para conectar a las personas con el mundo espiritual, sino también en su capacidad para crear comunidades de apoyo y solidaridad entre los esclavizados. Los rituales vudú ofrecían un espacio donde los esclavizados podían encontrar consuelo, fuerza y esperanza, a menudo en oposición directa a la jerarquía colonial. A través del vudú, los esclavizados mantenían una conexión con sus antepasados y con la idea de que, aunque oprimidos en vida, podían encontrar justicia en la muerte y el más allá.

El sincretismo entre el catolicismo y el vudú fue una estrategia de supervivencia que permitió a los africanos esclavizados continuar con sus creencias bajo la fachada de la religión cristiana. Los esclavizados, bajo la mirada vigilante de sus amos, celebraban misas católicas que en realidad eran ceremonias vudú disfrazadas, honrando a los santos cristianos que se correspondían con los *loas* africanos. Esta capacidad para adaptar y disfrazar el vudú dentro del marco cristiano permitió que la religión no solo sobreviviera, sino que también floreciera.

El colonialismo europeo también reforzó la imagen negativa del vudú a través de la demonización de sus prácticas, asociándolo con el mal, la brujería y la magia negra. Los colonizadores veían los rituales vudú como amenazas a su autoridad, ya que eran una forma de organización social y cultural que escapaba de su control. Esta percepción negativa del vudú ha perdurado hasta la actualidad, en parte debido a su representación en los medios de comunicación y el cine como una práctica oscura y peligrosa.

Hitos históricos: La Revolución Haitiana y el papel del vudú en la lucha por la independencia

El papel del vudú en la historia haitiana es fundamental, especialmente en el contexto de la Revolución Haitiana (1791-1804), que resultó en la creación del primer estado independiente de América Latina y el Caribe, y el primero en abolir la esclavitud. Durante este periodo, el vudú no solo fue una religión de resistencia espiritual, sino también una fuerza política y militar que unió a los esclavizados en su lucha por la libertad.

La Revolución Haitiana fue desencadenada, en parte, por la famosa ceremonia vudú de Bois Caïman, celebrada en agosto de 1791. Según la tradición, un sacerdote vudú llamado Dutty Boukman y una sacerdotisa conocida como Cécile Fatiman realizaron una ceremonia en la que invocaron a los *loas* para bendecir la rebelión que estaban a punto de emprender. Durante el ritual, se sacrificó un cerdo negro, y los participantes hicieron un juramento de lealtad y lucha por la libertad. Este evento simbólico, profundamente impregnado de significado espiritual y místico, marcó el inicio de una serie de revueltas que eventualmente llevarían a la independencia de Haití en 1804.

El vudú fue una fuente de fortaleza espiritual para los rebeldes haitianos, que creían que los *loas* los protegían y guiaban en la lucha contra los colonos franceses. Las creencias vudú sobre la vida, la muerte y la inmortalidad ayudaron a los esclavizados a superar el miedo a la muerte en batalla, ya que la muerte no era vista como un final, sino como una transición hacia una nueva forma de existencia. La fe en los antepasados y en los espíritus protectores dio a los rebeldes la confianza de que, aunque murieran, su lucha por la libertad no sería en vano.

El éxito de la Revolución Haitiana fue una prueba no solo de la valentía de los esclavizados que lucharon por su libertad, sino también del poder del vudú como una fuerza unificadora y motivadora. El vudú no solo proporcionó una estructura organizativa para la rebelión, sino que también fomentó un sentido de identidad y cohesión entre los diversos grupos africanos que habían sido esclavizados en la isla. En una sociedad fragmentada por el colonialismo, el vudú fue uno de los pocos elementos que unió a los esclavizados bajo una causa común.

Después de la independencia, el vudú siguió siendo una parte integral de la identidad haitiana, aunque fue marginado por las élites criollas y por las autoridades católicas. Sin embargo, su papel en la lucha por la libertad y su conexión con la resistencia anticolonial ha asegurado su lugar en la historia de Haití y en la conciencia cultural de su pueblo.

CAPÍTULO 11: LA ATLÁNTIDA: MITO, ESOTERISMO Y LA BÚSQUEDA DE LA CIVILIZACIÓN PERDIDA

La leyenda de la Atlántida ha fascinado a filósofos, esoteristas y buscadores de lo oculto durante milenios. Desde su primera mención en los diálogos de Platón hasta su inclusión en las enseñanzas esotéricas del siglo XIX, la Atlántida se ha convertido en un símbolo perdurable de la búsqueda de una civilización perdida, una que poseía un conocimiento arcano y un poder espiritual incomparables. Este capítulo explora los orígenes del mito de la Atlántida en la obra de Platón, su conexión con el ocultismo moderno y su influencia en movimientos esotéricos como la Teosofía.

Los orígenes de la leyenda de la Atlántida en Platón

La historia de la Atlántida tiene su origen en los diálogos del filósofo griego Platón, específicamente en sus obras *Timeo* y *Critias*, escritas alrededor del año 360 a.C. En estos textos, Platón describe la Atlántida como una civilización avanzada que existió unos 9.000 años antes de su época. Según Platón, la Atlántida era una vasta isla situada más allá de las Columnas de Hércules (el estrecho de Gibraltar), que gobernaba un imperio poderoso y tecnológicamente superior. Sin embargo, la Atlántida fue destruida debido a su corrupción moral y su intento fallido de conquistar Atenas, tras lo cual la isla se hundió en el mar en un solo día y noche de catástrofe.

Platón presenta la historia de la Atlántida no como un relato de ficción, sino como una advertencia moral sobre los peligros del orgullo, la decadencia y la hybris (*hubris* en griego). Para él, la Atlántida simbolizaba una sociedad que, a pesar de su avance tecnológico y militar, cayó en desgracia por su arrogancia y su rechazo a las virtudes morales. Atenas, en contraste, representaba una ciudad virtuosa y justa, que fue capaz de resistir los avances de los atlantes. A lo largo de los siglos, la descripción de Platón de la Atlántida ha sido objeto de muchas interpretaciones, algunas de ellas literales, otras simbólicas.

Mientras que algunos estudiosos ven el relato de Platón como una alegoría filosófica destinada a ilustrar sus ideas sobre la política, la moralidad y la naturaleza de las sociedades, otros han interpretado la historia como un relato histórico basado en un recuerdo antiguo de una civilización real que existió en un pasado remoto. Estas teorías han llevado a la búsqueda de la ubicación de la Atlántida, desde el Mediterráneo hasta el Atlántico y más allá, contribuyendo a la duradera fascinación por la idea de una civilización perdida y avanzada.

La conexión esotérica de la Atlántida con el ocultismo moderno

A lo largo de los siglos, el mito de la Atlántida ha evolucionado desde su origen filosófico en Platón hasta convertirse en un tema central en las enseñanzas de diversos movimientos esotéricos. En el contexto del ocultismo moderno, la Atlántida ha sido vista como una civilización que no solo poseía un gran conocimiento tecnológico, sino también un profundo entendimiento de las fuerzas espirituales y los misterios del universo. Esta interpretación esotérica sugiere que los atlantes habían alcanzado un nivel de conciencia superior, pero que su caída se debió a su abuso de este poder espiritual.

El vínculo entre la Atlántida y el esoterismo moderno se consolidó en el siglo XIX con la popularización de la Teosofía, un movimiento filosófico y espiritual fundado por Helena Petrovna Blavatsky. En su obra *La Doctrina Secreta* (1888), Blavatsky describe a la Atlántida como una civilización avanzada que existió hace cientos de miles de años. Según Blavatsky, los atlantes eran la cuarta raza raíz de la humanidad, un concepto basado en la idea de que la evolución espiritual de la humanidad ha pasado por varias etapas, cada una representada por una raza raíz diferente. Los atlantes, de acuerdo con las enseñanzas teosóficas, poseían habilidades psíquicas y espirituales avanzadas, como la clarividencia y la telepatía.

Blavatsky también afirmó que la Atlántida fue destruida debido a la corrupción moral y al mal uso de sus poderes espirituales, una idea que refleja el relato de Platón. Sin embargo, en la visión teosófica, los sobrevivientes de la Atlántida emigraron a otras partes del mundo, donde fundaron civilizaciones como Egipto y Mesoamérica, transmitiendo parte de su conocimiento esotérico a las culturas que vendrían después. Esta interpretación esotérica del mito de la Atlántida contribuyó a la idea de que la humanidad ha perdido un conocimiento espiritual esencial y que la redención de este conocimiento es clave para la evolución futura.

Otro influyente esoterista que se basó en el mito de la Atlántida fue Rudolf Steiner, fundador de la Antroposofía. Steiner también veía a los atlantes como una civilización avanzada en términos espirituales, pero que, debido a su abuso de la tecnología y la magia, provocó su propia destrucción. En las enseñanzas antroposóficas, la Atlántida es vista como una etapa crucial en el desarrollo espiritual de la humanidad, una civilización en la que las facultades espirituales eran mucho más desarrolladas que en la humanidad moderna. Para Steiner, la caída de la Atlántida fue un evento cósmico con implicaciones para el futuro de la humanidad, y él creía que parte del legado espiritual de los atlantes podía ser redescubierto en la era moderna.

Hitos históricos: La influencia de la Atlántida en la Teosofía y el movimiento esotérico del siglo XIX

El siglo XIX fue una época de renovación espiritual y filosófica en Europa, marcada por un renovado interés en el esoterismo y el ocultismo. La Atlántida, con su combinación de historia perdida y promesas de poder espiritual, encajó perfectamente en el clima intelectual de la época, donde la ciencia, la religión y el misticismo se entrelazaban. En este contexto, la Atlántida fue reinterpretada por movimientos esotéricos como la Teosofía, que buscaban reconciliar las tradiciones espirituales antiguas con los avances científicos y la evolución de la humanidad.

Helena Blavatsky, la figura central de la Teosofía, fue una de las principales defensoras de la idea de que la Atlántida no solo fue una civilización real, sino también un símbolo del conocimiento perdido que la humanidad debía redescubrir. Según Blavatsky, los atlantes no solo poseían tecnología avanzada, sino que también estaban en contacto con seres espirituales y cósmicos que les otorgaron un conocimiento místico. Blavatsky y otros teósofos también afirmaban que los restos de la civilización atlante podían encontrarse en las grandes civilizaciones antiguas, como Egipto, India y América Central, cuyos templos y monumentos contenían vestigios del conocimiento atlante.

El interés en la Atlántida también se extendió a otros pensadores esotéricos, como Edgar Cayce, el famoso médium estadounidense conocido como el «Profeta Durmiente». Cayce afirmaba haber recibido visiones de la Atlántida mientras estaba en estado de trance, en las cuales describía una civilización tecnológicamente avanzada que había usado cristales y energías cósmicas para lograr grandes proezas. Según Cayce, la Atlántida se había hundido debido a la manipulación errónea de estas energías, pero predijo que partes de la civilización atlante emergerían de nuevo en el futuro. Sus profecías alimentaron aún más el interés en la búsqueda arqueológica de la Atlántida durante el siglo XX.

El mito de la Atlántida no solo influyó en el ocultismo del siglo XIX, sino que también impactó en la cultura popular y en las teorías pseudocientíficas. Durante este periodo, surgieron exploradores y arqueólogos que buscaron evidencias físicas de la Atlántida en lugares tan diversos como el Mediterráneo, el Atlántico y América del Sur. Aunque nunca se ha encontrado evidencia concluyente de la existencia de la Atlántida, la fascinación por su mito ha continuado, manteniendo viva la búsqueda de esta civilización perdida tanto en los círculos esotéricos como en la cultura general.

CAPÍTULO 12: LA OUIJA: PUERTA AL MÁS ALLÁ O HERRAMIENTA DE SUPERSTICIÓN

La Ouija, también conocida como el «tablero de los espíritus», ha sido un tema controvertido y fascinante desde su popularización en el siglo XIX. Para algunos, la Ouija es una puerta al más allá, una herramienta que permite la comunicación con los muertos. Para otros, no es más que un juego peligroso o una superstición sin base científica. Este capítulo examina la historia de la Ouija en el contexto del auge del Espiritismo, los casos más famosos de contacto con espíritus y los hitos históricos del Espiritismo en Europa y América durante la era victoriana.

Historia de la Ouija desde el Espiritismo del siglo XIX

La historia de la Ouija está profundamente entrelazada con el movimiento espiritista, que floreció en Europa y América durante el siglo XIX. El Espiritismo se basaba en la creencia de que los vivos podían comunicarse con los muertos a través de medios como sesiones espirituales, médiums y, más tarde, la Ouija. Este movimiento fue impulsado por el auge del interés en la vida después de la muerte, especialmente entre las clases media y alta de la época victoriana, donde la muerte era una realidad omnipresente debido a la alta mortalidad infantil, las guerras y las enfermedades.

La invención del tablero Ouija tal como lo conocemos hoy tiene sus raíces en los experimentos espiritistas que intentaban establecer contacto con los muertos. A principios del siglo XIX, las hermanas Fox de Nueva York se convirtieron en las pioneras del Espiritismo al afirmar que podían comunicarse con los espíritus mediante «golpes» y sonidos. Este fenómeno inspiró a miles de personas a buscar métodos para interactuar con el más allá, y surgieron diversas formas de comunicación, como la escritura automática y las mesas parlantes.

La Ouija, en su forma moderna, fue patentada en 1890 por Elijah Bond, aunque su popularización se debió principalmente a Charles Kennard y William Fuld, quienes comercializaron el tablero como una herramienta para la comunicación espiritual. El tablero consta de letras del alfabeto, números y las palabras «sí», «no» y «adiós», y su uso implica que los participantes coloquen sus dedos sobre un puntero o *planchette* que se mueve para señalar letras y formar mensajes, supuestamente guiado por los espíritus.

El nombre «Ouija» se cree que es una combinación de las palabras francesas y alemanas para «sí» («oui» y «ja»), aunque según la leyenda, el nombre fue sugerido por el propio tablero durante una de las primeras sesiones. Desde su creación, la Ouija ha generado debates y controversias. Mientras algunos creen que es un instrumento para contactar con el más allá, otros afirman que los movimientos del *planchette* son el resultado de un fenómeno psicológico conocido como el efecto ideomotor, en el que las personas mueven inconscientemente el puntero.

Durante la era victoriana, la Ouija se convirtió en una sensación, especialmente en el contexto del creciente interés por el Espiritismo. Las sesiones de Ouija y los intentos de contactar con seres del más allá se convirtieron en una actividad popular, a menudo llevada a cabo en reuniones sociales o en la intimidad de los hogares. La Ouija ofrecía a los creyentes una forma directa y accesible de explorar el mundo de los espíritus, lo que alimentaba la curiosidad sobre la vida después de la muerte.

Los casos más famosos de contacto con espíritus

A lo largo de la historia de la Ouija, han surgido numerosos casos que afirman haber sido contactos genuinos con espíritus. Si bien muchos de estos casos son considerados por los escépticos como ejemplos de sugestión o coincidencia, algunos han capturado la imaginación popular y se han convertido en leyendas modernas.

Uno de los casos más famosos es el de Pearl Curran, una ama de casa de St. Louis, Missouri, quien en 1913 afirmó haber canalizado los escritos de una mujer llamada Patience Worth a través de la Ouija. Según Curran, Patience era el espíritu de una mujer que había vivido en el siglo XVII en Inglaterra. A través de las sesiones de Ouija, Curran afirmó que Patience Worth dictaba historias, poemas y escritos filosóficos, algunos de los cuales fueron publicados y elogiados por su calidad literaria. El caso de Pearl Curran se convirtió en un fenómeno cultural, y su historia sigue siendo uno de los ejemplos más discutidos del uso de la Ouija para la comunicación con el más allá.

Otro caso notable es el de Jane Roberts, una escritora y canalizadora que en los años 60 afirmó haber contactado a un espíritu llamado Seth a través de la Ouija. Roberts, junto con su esposo, utilizaba el tablero para comunicarse con Seth, quien supuestamente revelaba información sobre la naturaleza del universo, la reencarnación y la conciencia humana. Las enseñanzas de Seth, que Roberts más tarde escribió en libros, se convirtieron en textos fundamentales del movimiento de la Nueva Era, y su obra sigue influyendo en la espiritualidad contemporánea.

Además de estos casos, la Ouija ha estado asociada con innumerables relatos de fenómenos inexplicables, desde mensajes que predicen el futuro hasta experiencias aterradoras en las que los participantes afirman haber sido contactados por espíritus malignos. En muchos casos, la Ouija ha sido vinculada con episodios de obsesión o posesión, lo que ha contribuido a su reputación como una herramienta peligrosa o maligna en ciertos círculos.

La Ouija también ha sido el tema de películas y literatura de terror, donde se presenta como una puerta de entrada a lo paranormal que, una vez abierta, no puede cerrarse. Estas representaciones populares han consolidado su lugar en la cultura contemporánea como una herramienta que, aunque aparentemente inocua, puede desencadenar fuerzas incontrolables.

Hitos históricos: *El auge del Espiritismo en Europa y América durante la era victoriana*

El Espiritismo, del cual la Ouija es un derivado directo, se convirtió en un fenómeno cultural dominante durante la era victoriana, un periodo que abarcó gran parte del siglo XIX. El movimiento espiritista surgió en un momento de gran cambio social y científico, cuando la revolución industrial y los avances en la medicina y la tecnología coexisten con un profundo interés en la vida después de la muerte y el misticismo. En un contexto donde la ciencia comenzaba a dominar el pensamiento racional, el Espiritismo ofrecía una reconciliación entre la razón y lo espiritual, sugiriendo que los muertos podían seguir comunicándose con los vivos de manera tangible.

El Espiritismo fue particularmente popular en América y Europa, donde miles de personas acudían a médiums para intentar establecer contacto con sus seres queridos fallecidos. La promesa de una vida después de la muerte y la posibilidad de comunicarse con los muertos proporcionaron consuelo a las personas que enfrentaban la muerte de familiares en tiempos de guerra, plagas y cambios sociales. El auge del Espiritismo coincidió con los avances tecnológicos, como el telégrafo, que parecía ofrecer una metáfora apropiada para la idea de comunicación entre diferentes planos de existencia.

En Europa, el Espiritismo atrajo a intelectuales y científicos, incluidos personalidades como Arthur Conan Doyle, el creador de Sherlock Holmes, quien se convirtió en uno de sus defensores más fervientes. Doyle, tras la muerte de varios de sus seres queridos, se convenció de que los médiums y la Ouija podían proporcionar pruebas de la supervivencia del alma después de la muerte. Al igual que Doyle, muchos otros personajes influyentes del siglo XIX encontraron en el Espiritismo una forma de reconciliar la muerte con la promesa de la continuidad espiritual.

El Espiritismo también floreció en América, donde médiums como las hermanas Fox y figuras como Andrew Jackson Davis, conocido como el «Profeta del Nuevo Mundo», difundieron las ideas espiritistas a través de libros, conferencias y sesiones espirituales. Las sesiones de Ouija y otras formas de comunicación con los muertos se convirtieron en una actividad común en los hogares, donde las familias trataban de establecer contacto con el más allá en reuniones sociales o en momentos de duelo.

Aunque el Espiritismo fue criticado por escépticos y religiosos, su impacto cultural fue innegable. La era victoriana marcó un punto álgido en la creencia popular en el más allá, y la Ouija se convirtió en una manifestación tangible de esta creencia. La creciente popularidad de la Ouija durante este periodo reflejaba tanto el deseo de explorar lo desconocido como la búsqueda de consuelo en un mundo cada vez más incierto.

CAPÍTULO 13: JOHN DEE: MAGIA, CIENCIA Y EL LENGUAJE DE LOS ÁNGELES

John Dee es una de las figuras más fascinantes y enigmáticas del Renacimiento. Como astrónomo, matemático, alquimista y mago, Dee vivió en un tiempo en el que las fronteras entre la ciencia y la magia eran fluidas. Si bien es conocido por sus contribuciones a las ciencias matemáticas y su influencia en la corte de Isabel I de Inglaterra, es su trabajo en la magia y el ocultismo lo que lo ha inmortalizado en la historia esotérica. En particular, su descubrimiento del lenguaje enochiano, que afirmaba haber recibido de los ángeles, marcó un hito en la evolución del ocultismo y sigue siendo una parte integral de la magia ceremonial moderna. Este capítulo explora la vida de John Dee, su trabajo en astronomía y magia, el impacto del lenguaje enochiano en el esoterismo y su papel como consejero de la reina Isabel I.

La vida de John Dee y sus trabajos en magia y astronomía

John Dee nació en 1527 en Londres y fue un hombre de renacimiento en el sentido más completo del término. Su educación formal incluyó estudios en el Trinity College de Cambridge, donde se destacó como matemático y astrónomo. Posteriormente, viajó por Europa, donde se codeó con algunos de los principales eruditos de su tiempo, ampliando sus conocimientos en una variedad de disciplinas, desde la astrología y la alquimia hasta las matemáticas y la navegación.

Dee fue un ferviente defensor de la ciencia y la razón en un tiempo en el que la magia y la religión aún dominaban muchos aspectos de la vida intelectual. Publicó varios tratados sobre matemáticas, geometría y navegación, y fue uno de los primeros en proponer el uso de instrumentos científicos para mejorar la precisión en la exploración. Sus conocimientos en estas áreas lo convirtieron en una figura importante en la corte de Isabel I, donde fue respetado como astrónomo y asesor.

Sin embargo, la vida de Dee también estuvo profundamente influenciada por su interés en lo oculto. En una época en la que la alquimia y la astrología se consideraban disciplinas científicas respetables, Dee estaba fascinado por las posibilidades de la magia como un medio para entender el cosmos. Creía que el conocimiento místico, al igual que el conocimiento científico, era clave para desbloquear los misterios del universo. En su búsqueda de este conocimiento, Dee se dedicó a la alquimia, la cábala y la astrología, pero fue su trabajo en la magia angélica lo que definió su legado en el esoterismo.

A partir de la década de 1580, Dee comenzó a practicar lo que él llamaba «magia natural», un tipo de magia que creía que le permitiría comunicarse directamente con los ángeles y obtener de ellos sabiduría divina. Para este fin, Dee utilizó varios métodos de adivinación, incluidos espejos mágicos y piedras de obsidiana, que él y sus asociados empleaban para invocar a los ángeles.

El descubrimiento del lenguaje enochiano y su impacto en el ocultismo

Uno de los desarrollos más notables en la carrera esotérica de Dee fue su descubrimiento del lenguaje enochiano, una lengua que, según afirmaba, fue revelada por los ángeles. Este lenguaje, conocido como «enochiano» en honor al patriarca bíblico Enoc, quien también se decía que había hablado con los ángeles, se convirtió en el centro de su práctica mágica. Dee creía que al utilizar el lenguaje enochiano, los seres humanos podían comunicarse directamente con los ángeles y acceder a los secretos más profundos del universo.

El descubrimiento del enochiano fue el resultado de las sesiones que Dee realizaba junto a su asociado y médium, Edward Kelley. Kelley, quien actuaba como intermediario, supuestamente recibía mensajes y visiones de los ángeles a través de espejos y cristales mágicos, los cuales luego transmitía a Dee. A través de estas visiones, los ángeles le proporcionaron a Dee un sistema completo de magia que incluía tablas de letras, oraciones y una compleja estructura jerárquica de seres celestiales. Este sistema se conoció como la magia enochiana.

El lenguaje enochiano es una lengua artificial que se asemeja a un alfabeto con símbolos y sonidos propios, junto con un conjunto de reglas gramaticales. Dee y Kelley creían que este lenguaje era el idioma original de la humanidad, el mismo que se había hablado en el Jardín del Edén y que permitía una conexión directa con lo divino. Las tablas enochianas contenían combinaciones de letras que los ángeles aseguraban que podían ser utilizadas para convocar entidades celestiales y obtener conocimiento del universo.

Aunque el enochiano fue inicialmente rechazado por los contemporáneos de Dee, su impacto en el ocultismo moderno ha sido profundo. A lo largo del siglo XIX y XX, los ocultistas, especialmente en sociedades secretas como la Hermetic Order of the Golden Dawn y el sistema de magia ceremonial de Aleister Crowley, adoptaron el enochiano como una de las formas más poderosas de magia angélica. El lenguaje y los rituales enochianos siguen siendo utilizados en las prácticas esotéricas modernas, donde se considera una de las vías más efectivas para contactar con entidades espirituales.

La magia enochiana no solo influyó en la estructura de la magia ceremonial moderna, sino que también inspiró a generaciones de esoteristas a explorar la relación entre el lenguaje y lo sagrado. En este sentido, el descubrimiento de Dee y Kelley no fue simplemente un ejercicio de misticismo, sino una investigación en el poder creativo del lenguaje y su capacidad para mediar entre el mundo humano y lo divino.

Hitos históricos: El papel de John Dee como consejero de Isabel I y la influencia de sus estudios en el pensamiento esotérico

John Dee desempeñó un papel crucial en la corte de Isabel I de Inglaterra, no solo como astrónomo y matemático, sino también como consejero en asuntos políticos y esotéricos. Durante su tiempo en la corte, Dee fue una figura clave en la planificación de las exploraciones marítimas que eventualmente llevarían al establecimiento del Imperio Británico. Sus conocimientos en navegación y cartografía fueron esenciales para las expediciones inglesas a las Américas, y se le atribuye la creación de términos como el «Imperio Británico».

Además de su influencia política y científica, Dee también era conocido en la corte por sus habilidades como astrólogo. En una época en la que la astrología todavía se consideraba una ciencia respetable, Dee fue llamado a realizar lecturas astrológicas para la reina y otros miembros importantes de la corte. Se cree que fue consultado en la elección de fechas propicias para eventos importantes, incluidos la coronación de Isabel y decisiones militares. Dee también era conocido por su interés en la alquimia, y su reputación como mago lo precedía, aunque mantenía estas actividades en relativa discreción debido a las tensiones religiosas de la época.

Sin embargo, a pesar de su cercanía con la reina, Dee nunca logró el reconocimiento oficial que buscaba para sus estudios esotéricos y científicos. A medida que su reputación como mago y alquimista crecía, también lo hacía la desconfianza entre algunos sectores de la corte. En particular, el ascenso del puritanismo y la creciente hostilidad hacia la magia hicieron que Dee fuera visto con sospecha por algunos de sus contemporáneos. Eventualmente, fue marginado de la vida política y pasó los últimos años de su vida en relativa oscuridad.

A pesar de estos desafíos, el legado de Dee en el pensamiento esotérico ha sido duradero. Sus escritos sobre la magia, la cábala y el enochiano fueron redescubiertos en el siglo XIX, y su influencia se extendió a movimientos ocultistas como la Golden Dawn y la obra de Aleister Crowley. Para los ocultistas de esta época, Dee era una figura pionera que había intentado unir la ciencia y la magia en una búsqueda común por el conocimiento universal. El enochiano, en particular, fue adoptado como un sistema de magia que, según ellos, ofrecía una de las formas más poderosas de contacto con el mundo espiritual.

Hoy en día, John Dee sigue siendo una figura enigmática y reverenciada tanto en la historia de la ciencia como en la historia del ocultismo. Su vida y su trabajo son un ejemplo de cómo, en el Renacimiento, las fronteras entre la ciencia y la magia eran mucho más porosas de lo que lo son hoy en día. Para Dee, el conocimiento no se dividía en esferas separadas, sino que formaba parte de un todo unificado, en el que la ciencia, la religión y la magia eran caminos hacia la verdad última.

CAPÍTULO 14: RENNES-LE-CHÂTEAU: MISTERIOS TEMPLARIOS Y EL TESORO OCULTO DE UN CURA

Rennes-le-Château, un pequeño pueblo en el sur de Francia, se ha convertido en uno de los epicentros del esoterismo y la conspiración moderna debido a la figura de Bérenger Saunière, un cura que amasó una inexplicable fortuna a finales del siglo XIX. Envuelto en leyendas de tesoros ocultos, templarios y el Santo Grial, este lugar ha capturado la imaginación de historiadores, ocultistas y escritores. En este capítulo, exploramos el misterio de Bérenger Saunière, las teorías ocultistas que rodean a Rennes-le-Château, y los hitos históricos vinculados a su fortuna inexplicable y sus conexiones con las leyendas del Santo Grial.

El misterio de Bérenger Saunière y su relación con los Templarios

Bérenger Saunière llegó a Rennes-le-Château en 1885 como el párroco de la pequeña iglesia del pueblo, dedicada a María Magdalena. Al principio, Saunière vivió en condiciones humildes, pero a lo largo de los años comenzó a mostrar signos de una riqueza inesperada que no podía explicarse por los medios ordinarios. Restauró la iglesia de forma lujosa, construyó una villa conocida como la *Villa Bethania* y una torre llamada *Tour Magdala*, desde la que observaba los impresionantes paisajes de la región.

El misterio en torno a la fortuna de Saunière ha sido objeto de especulación durante más de un siglo. Algunos afirman que Saunière descubrió un tesoro oculto en su parroquia o en sus alrededores, mientras que otros sugieren que pudo haber encontrado documentos secretos que le permitieron chantajear a la Iglesia o a las autoridades. La idea de que el cura había tropezado con un secreto ancestral vinculado a los Templarios o al Santo Grial se popularizó en las décadas posteriores a su muerte, gracias a una serie de libros y teorías conspirativas que vincularon a Rennes-le-Château con los misterios del esoterismo europeo.

El vínculo entre Saunière y los Templarios, en particular, se basa en la idea de que Rennes-le-Château fue un lugar de importancia para la Orden del Temple, que podría haber escondido sus tesoros o secretos más valiosos en la región. Los Templarios, disueltos en el siglo XIV por el rey Felipe IV de Francia y el papa Clemente V, han sido objeto de numerosas leyendas que sostienen que la orden sobrevivió en secreto y que sus miembros ocultaron un tesoro o artefactos de gran valor, como el Arca de la Alianza o el Santo Grial. Estas leyendas se alimentaron de la misteriosa riqueza de Saunière y su aparente conocimiento de algo más allá de lo terrenal.

Aunque no hay pruebas directas que vinculen a Saunière con los Templarios, la atmósfera de secretismo y las extrañas coincidencias que rodean a Rennes-le-Château han mantenido viva esta teoría. Las inscripciones crípticas encontradas en la iglesia, las decoraciones inusuales y el simbolismo esotérico añadido por Saunière durante la restauración de la iglesia han sido interpretados por algunos como pistas sobre un conocimiento oculto que el cura poseía, posiblemente relacionado con los misterios templarios.

Las teorías ocultistas que rodean Rennes-le-Château

Rennes-le-Château no solo ha sido vinculado a los Templarios, sino que también ha sido el escenario de diversas teorías ocultistas que van desde la búsqueda del Santo Grial hasta conexiones con antiguas sociedades secretas. Muchas de estas teorías se popularizaron en la década de 1960 con la publicación de *Le Trésor Maudit* (El tesoro maldito) de Gérard de Sède, que relataba la historia de Saunière y sugería que había descubierto un secreto que trascendía la mera riqueza material. El libro especulaba sobre la existencia de documentos o reliquias que podrían haber cambiado la historia del cristianismo, incluyendo el Grial.

En la obra *El enigma sagrado* (1982), de Michael Baigent, Richard Leigh y Henry Lincoln, se propuso la idea de que Saunière había descubierto pruebas de una línea de sangre secreta, posiblemente descendiente de Jesús y María Magdalena. Esta teoría se conecta con la noción de que el Santo Grial no es un objeto, como una copa o cáliz, sino una línea de sangre sagrada, un concepto que ha influido en obras posteriores de ficción, como *El código Da Vinci* de Dan Brown. Según estas teorías, Rennes-le-Château sería uno de los lugares donde se ocultaban las pruebas de esta herencia secreta, protegida por sociedades secretas como los Templarios o los Rosacruces.

Otro elemento que ha alimentado las teorías ocultistas en torno a Rennes-le-Château es la peculiar restauración de la iglesia llevada a cabo por Saunière. Los elementos decorativos introducidos por el cura, como la estatua del demonio Asmodeo que sostiene la pila bautismal, las inscripciones bíblicas inusuales y la elección de santos y escenas específicas, han sido interpretados como símbolos esotéricos con significados ocultos. Estos detalles han sido objeto de análisis por parte de ocultistas y esoteristas, quienes sugieren que la iglesia contiene un mensaje codificado relacionado con los secretos templarios, el Grial o un antiguo conocimiento perdido.

Además, la ubicación geográfica de Rennes-le-Château, situada en los Pirineos, una región rica en mitos y leyendas, ha reforzado su misticismo. Se dice que la zona alberga energías telúricas, líneas ley y otros fenómenos esotéricos que atraerían a aquellos interesados en los misterios de la Tierra. La región también ha sido asociada con los cátaros, una secta cristiana considerada herética por la Iglesia católica y que supuestamente poseía secretos relacionados con el Grial. Todo esto ha contribuido a que Rennes-le-Château se convierta en un lugar de peregrinación para los buscadores de lo oculto y los cazadores de tesoros.

Hitos históricos: *La fortuna inexplicable de Saunière y las conexiones con el Santo Grial*

Uno de los aspectos más desconcertantes de la vida de Saunière es la fuente de su considerable fortuna. A pesar de que su salario como párroco era modesto, entre 1890 y 1917 gastó grandes sumas de dinero en la restauración de la iglesia de Rennes-le-Château, la construcción de la Villa Bethania y la Torre Magdala, así como en la compra de terrenos y obras de arte. Los registros oficiales no proporcionan una explicación clara de cómo adquirió tanto dinero, lo que ha alimentado las especulaciones sobre el descubrimiento de un tesoro oculto o documentos valiosos.

A lo largo de los años, se han propuesto varias teorías sobre el origen de la fortuna de Saunière. Algunos sugieren que descubrió un tesoro material, como oro o joyas escondidas en la iglesia o en sus alrededores. Otros creen que encontró documentos antiguos que le permitieron chantajear a la Iglesia o a otras figuras poderosas. También se ha especulado que Saunière pudo haber recibido financiación de fuentes secretas, como los Templarios o los Rosacruces, en un esfuerzo por proteger ciertos secretos ancestrales.

La conexión con el Santo Grial es una de las teorías más persistentes en torno a Saunière y Rennes-le-Château. Según algunos autores, el cura habría descubierto pruebas de la existencia del Grial, ya sea en forma de un objeto físico o de una revelación espiritual, lo que le habría permitido acceder a una fortuna secreta o a conocimientos ocultos. Esta idea ha sido alimentada por las peculiaridades de la restauración de la iglesia, que incluyen la prominencia de figuras relacionadas con María Magdalena, una figura central en las leyendas del Grial.

Otra línea de investigación sugiere que Saunière pudo haber estado involucrado en un círculo esotérico más amplio, que incluía a figuras influyentes en la política y la religión de su tiempo. Algunos creen que Rennes-le-Château era parte de una red de sitios sagrados conectados con el Grial y que Saunière desempeñaba un papel en la protección o custodia de estos secretos. Aunque muchas de estas teorías carecen de pruebas concretas, han mantenido vivo el interés en Rennes-le-Château como un centro de misterio y conspiración.

CAPÍTULO 15: GRIMORIOS: LIBROS DE HECHICERÍA Y LOS SECRETOS DE LOS SABIOS MEDIEVALES

Los grimorios, o libros de hechicería, han sido una parte fundamental de la tradición esotérica en Europa durante siglos. Estos textos, que contienen instrucciones para realizar rituales mágicos, invocaciones de espíritus y hechizos, fueron tanto objeto de estudio como de temor en la Edad Media y el Renacimiento. A menudo escritos por sabios y alquimistas, los grimorios reflejan el conocimiento oculto de su época, combinando elementos de la religión, la astrología y la magia. Este capítulo explora la historia de los grimorios más influyentes, su uso en rituales de hechicería, y los hitos históricos que los convirtieron en textos clave en el ocultismo, como la *Clavícula de Salomón* y el *Ars Goetia*.

Historia de los grimorios más influyentes en la Edad Media

Los grimorios, cuyo nombre deriva del término francés «grimoire» que significa «gramática», aparecieron en Europa durante la Edad Media, aunque muchos de los textos que contienen se basan en conocimientos antiguos, algunos provenientes de tradiciones egipcias, hebreas, griegas y árabes. Durante siglos, los grimorios fueron copiados a mano y circulaban en círculos restringidos de sabios, alquimistas y ocultistas, quienes creían que contenían los secretos para controlar las fuerzas sobrenaturales y acceder a conocimientos ocultos.

Entre los grimorios más influyentes de la Edad Media, la *Clavícula de Salomón* (también conocida como el *Key of Solomon*) es quizás el más famoso. Atribuido al rey bíblico Salomón, este grimorio contiene instrucciones detalladas para la invocación de espíritus y demonios, así como para la creación de talismanes y sellos mágicos que otorgan protección o poder a su portador. Aunque no hay evidencia histórica de que Salomón haya escrito este texto, la *Clavícula de Salomón* se convirtió en uno de los grimorios más venerados y ampliamente copiados en Europa durante los siglos XV y XVI, influyendo en la práctica de la magia ceremonial en todo el continente.

Otro grimorio clave es el *Ars Goetia,* que forma parte del *Lemegeton* o la *Clavícula Menor de Salomón.* Este texto describe en detalle la invocación de 72 demonios y sus respectivos poderes, así como los sellos necesarios para controlarlos. El *Ars Goetia* presenta un enfoque más oscuro de la magia, centrado en la demonología y el control de entidades sobrenaturales, y se convirtió en una referencia esencial para los ocultistas que practicaban la magia ceremonial en el Renacimiento y más tarde en la Edad Moderna. A lo largo de los siglos, el *Ars Goetia* ha sido utilizado por magos, hechiceros y esoteristas que creían que el dominio sobre los demonios proporcionaba poder sobre el mundo físico y espiritual.

Estos libros y otros grimorios de la época se copiaban en manuscritos que pasaban de mano en mano, a menudo en secreto debido al riesgo de ser condenados por la Iglesia. Durante la Edad Media, las autoridades eclesiásticas veían la magia como una amenaza, y la posesión de grimorios podía ser interpretada como herejía o brujería, lo que conllevaba severas penas. No obstante, muchos alquimistas y ocultistas consideraban que estos libros contenían verdades ocultas y buscaban en ellos una comprensión más profunda del universo y sus misterios.

Su uso en rituales de magia y hechicería

Los grimorios medievales no eran solo textos para el estudio filosófico o esotérico, sino que contenían instrucciones prácticas para realizar rituales de magia y hechicería.

Estos rituales se centraban en la invocación de ángeles, demonios y otros seres sobrenaturales con el propósito de obtener poder, sabiduría o protección. Los grimorios detallaban cómo preparar los espacios rituales, qué símbolos y sellos usar, y qué oraciones o conjuros recitar.

Uno de los elementos clave en los rituales descritos en los grimorios es el uso de los *círculos mágicos*. Estos círculos, dibujados en el suelo o grabados en superficies, servían como barreras protectoras para los practicantes, evitando que las entidades invocadas pudieran hacerles daño. La *Clavícula de Salomón*, por ejemplo, incluye elaboradas instrucciones para crear estos círculos, que debían estar adornados con nombres sagrados, símbolos cabalísticos y oraciones que aseguraran la seguridad del mago.

Los sellos y talismanes también ocupan un lugar central en los grimorios. Estos artefactos, creados con materiales específicos (como oro, plata, pergamino virgen o piedras preciosas), estaban destinados a canalizar el poder de los espíritus y proporcionar protección o habilidades mágicas al portador. Los grimorios detallaban qué sellos debían ser usados para invocar a ciertos demonios o ángeles, y cómo debían ser preparados para que su poder fuera efectivo.

En el *Ars Goetia*, el proceso de invocación de demonios es meticuloso y requiere una preparación precisa. Cada demonio tiene su propio sello, que debe ser dibujado con exactitud, y el mago debe recitar los conjuros específicos con la entonación correcta para asegurar la cooperación de la entidad invocada. Estos rituales estaban destinados a dar al practicante control sobre las fuerzas sobrenaturales, pero también venían acompañados de advertencias sobre los peligros de la magia mal practicada, ya que los demonios podrían rebelarse y causar daño si no eran dominados adecuadamente.

A pesar de los riesgos, los grimorios ofrecían a sus practicantes una promesa tentadora: el acceso a poderes que podían influir en el destino, cambiar la fortuna o desvelar los misterios del cosmos. Los alquimistas y magos medievales veían estos textos no solo como herramientas para obtener beneficios materiales, sino también como caminos hacia el conocimiento divino. En este sentido, la magia ritual que describían los grimorios estaba profundamente entrelazada con la búsqueda de la sabiduría espiritual, una búsqueda que se encontraba en el corazón de la tradición esotérica medieval.

Hitos históricos: *La Clavícula de Salomón*, *el Ars Goetia y otros grimorios famosos en la Europa medieval*

Entre los grimorios más influyentes de la Europa medieval, la *Clavícula de Salomón* ocupa un lugar preeminente. Aunque no existe un manuscrito original que date de la época del rey Salomón, este grimorio fue probablemente compuesto durante el Renacimiento, basado en fuentes más antiguas que mezclaban tradiciones judías, cristianas y árabes. La atribución de la *Clavícula* a Salomón fue en parte una estrategia para conferirle legitimidad, ya que la figura de Salomón, reconocido en la Biblia como un sabio que controlaba espíritus y demonios, proporcionaba una justificación espiritual para el uso de la magia.

El *Ars Goetia*, por otro lado, representa una faceta más oscura de la magia medieval, centrada en la demonología. Este grimorio se centraba en la invocación y control de demonios, ofreciendo una lista detallada de los nombres, sellos y características de 72 demonios que, según el texto, fueron sellados por el rey Salomón. A través de complejos rituales, los practicantes de la goetia podían invocar a estos seres para obtener conocimiento, poder o favores, aunque siempre bajo el riesgo de que el demonio pudiera volverse contra ellos.

Otro grimorio famoso de la época es el *Picatrix*, un extenso tratado sobre magia astrológica. Este texto, originalmente escrito en árabe y más tarde traducido al latín, combina conocimientos astrológicos con prácticas de magia ceremonial. El *Picatrix* fue especialmente influyente entre los alquimistas y magos del Renacimiento, quienes buscaban utilizar la alineación de los astros para potenciar sus rituales y alcanzar la sabiduría celestial.

Durante el Renacimiento y más allá, los grimorios continuaron circulando y se convirtieron en textos fundamentales en la tradición de la magia ceremonial. Figuras como John Dee y Aleister Crowley, que renovaron el interés por el ocultismo en los siglos XVI y XX respectivamente, se inspiraron en grimorios como la *Clavícula de Salomón* y el *Ars Goetia* para desarrollar sus propios sistemas mágicos. Estos libros, escritos hace siglos, siguen siendo estudiados y utilizados por esoteristas modernos que buscan comprender el poder de la magia y los secretos del universo.

CAPÍTULO 16: EL PROYECTO MONTAUK: OCULTISMO Y EL LADO OSCURO DE LA CIENCIA

El Proyecto Montauk es uno de los grandes enigmas modernos que mezcla ciencia, teorías de conspiración y ocultismo. Según los rumores y testimonios, en este supuesto proyecto se llevaron a cabo experimentos secretos del gobierno estadounidense relacionados con el control mental, los viajes en el tiempo, y el uso de tecnología avanzada durante la Guerra Fría. Aunque no existe una base oficial que confirme la existencia de Montauk tal como lo describen estas teorías, su historia se ha entrelazado con elementos del ocultismo y la ciencia, generando especulaciones sobre el papel del esoterismo en la investigación científica secreta. Este capítulo explora las teorías ocultas sobre el Proyecto Montauk, la conexión entre la ciencia moderna y el ocultismo en el contexto de la Guerra Fría, y los hitos históricos que lo rodean, como la Operación Paperclip y los experimentos de control mental.

Las teorías ocultas sobre el Proyecto Montauk y sus experimentos

El Proyecto Montauk, según quienes creen en su existencia, habría sido una serie de experimentos secretos llevados a cabo en el Camp Hero, una instalación militar ubicada cerca de Montauk, en Long Island, Nueva York. Estas teorías afirman que Montauk fue una extensión del infame *Proyecto Filadelfia*, un supuesto experimento militar en el que un barco de guerra estadounidense, el *USS Eldridge*, fue hecho invisible utilizando tecnología basada en campos electromagnéticos. Aunque el Proyecto Filadelfia ha sido desacreditado por los historiadores, los rumores en torno a este tipo de experimentos de alta tecnología se trasladaron a Montauk, donde se cree que se llevaron a cabo pruebas aún más extremas.

Los supuestos experimentos de Montauk incluyen una amplia gama de prácticas que mezclan ciencia, tecnología y esoterismo. Entre las principales afirmaciones se encuentra la idea de que el proyecto desarrolló tecnologías avanzadas para la manipulación del espacio-tiempo, permitiendo a los científicos realizar viajes en el tiempo y explorar realidades alternativas. Estas teorías se basan en la creencia de que la combinación de potentes campos electromagnéticos y frecuencias de radio podría abrir portales a otras dimensiones, permitiendo a los participantes viajar a través del tiempo y el espacio.

Otra de las teorías más inquietantes relacionadas con Montauk es la de los experimentos de control mental. Según los testimonios de algunos denunciantes, los científicos de Montauk llevaron a cabo experimentos en los que utilizaban técnicas avanzadas de sugestión mental, manipulación psicológica y control remoto del cerebro. Estas pruebas habrían tenido como objetivo crear super soldados o manipular el comportamiento de individuos para fines militares y de espionaje. Se afirma que los científicos en Montauk utilizaron la hipnosis, los campos electromagnéticos y drogas psicotrópicas para alterar la mente humana, empujando los límites de la ciencia hacia lo que podría considerarse «magia» desde un punto de vista esotérico.

Una de las figuras clave en la leyenda del Proyecto Montauk es Preston Nichols, quien en su libro *The Montauk Project: Experiments in Time* (1992), afirmó haber trabajado en estas instalaciones y haber sido testigo de varios experimentos secretos. Según Nichols, los científicos de Montauk no solo manipulaban el espacio-tiempo, sino que también entraban en contacto con seres extraterrestres e inter-dimensionales. Estos relatos, aunque invero-símiles para la ciencia convencional, han sido acogidos por aquellos que creen en la existencia de programas secretos gubernamentales que combinan ciencia y ocultismo.

La conexión entre la ciencia moderna y el ocultismo en la Guerra Fría

La Guerra Fría fue una época de intensas rivalidades geopolíticas, pero también de avances científicos sin precedentes, muchos de los cuales estuvieron envueltos en secreto. Durante este periodo, las principales potencias del mundo, especialmente Estados Unidos y la Unión Soviética, invirtieron enormes recursos en proyectos de investigación tecnológica y militar, algunos de los cuales desafiaban los límites de la ética y la ciencia convencional. En este contexto, surgió una relación intrigante entre la ciencia moderna y el ocultismo, alimentada por las tensiones geopolíticas y el deseo de adquirir poder a través de cualquier medio.

En Estados Unidos, uno de los ejemplos más conocidos de esta fusión entre ciencia y esoterismo es el interés de la CIA en el control mental y las capacidades psíquicas. Bajo el programa *MK-Ultra*, iniciado en la década de 1950, la CIA llevó a cabo una serie de experimentos que involucraban la manipulación mental a través del uso de drogas como el LSD, la hipnosis y otros métodos de alteración de la conciencia. El objetivo de estos experimentos era explorar la posibilidad de controlar el comportamiento humano, manipular recuerdos y pensamientos, y convertir a las personas en armas vivientes para fines de espionaje o guerra psicológica.

Este tipo de investigación, aunque basada en métodos científicos, comparte un asombroso paralelismo con prácticas esotéricas que buscan el control de la mente y el espíritu. La idea de influir en los pensamientos de los demás, de acceder a planos de realidad alternativos y de manipular la voluntad humana ha sido un tema central en el ocultismo durante siglos, desde los grimorios medievales hasta las teorías sobre la telepatía y la clarividencia. En el contexto de la Guerra Fría, el interés en estas capacidades se fusionó con las ambiciones científicas, creando un terreno fértil para la especulación sobre la conexión entre el ocultismo y los experimentos militares.

En la Unión Soviética, también hubo un interés profundo por el potencial psíquico y el uso de la percepción extrasensorial (ESP) con fines militares. Los soviéticos llevaron a cabo investigaciones sobre telequinesis, telepatía y otros fenómenos paranormales, y creían que la ciencia moderna podría descifrar y aprovechar estos poderes ocultos. Al igual que en Estados Unidos, los científicos soviéticos trabajaron en programas secretos que intentaban desarrollar superpoderes mentales que pudieran ser utilizados para espionaje, manipulación mental y control social.

La influencia del ocultismo en la ciencia moderna de la Guerra Fría también se refleja en los estudios de la energía y las vibraciones. Muchos esoteristas creen en la existencia de energías invisibles que atraviesan el cosmos y que pueden ser manipuladas para influir en el mundo físico. Este concepto de energías místicas se relaciona con la física cuántica, una disciplina científica que comenzó a ganar terreno en el siglo XX y que explora las extrañas propiedades de las partículas subatómicas. La idea de que la mente y la materia están interconectadas, y que la conciencia puede influir en la realidad, es una de las áreas donde ciencia y ocultismo han encontrado puntos de convergencia.

Hitos históricos: La Operación Paperclip, experimentos de control mental y la influencia del ocultismo en la CIA

Uno de los hitos más importantes que conectan el ocultismo con la ciencia moderna es la *Operación Paperclip*, un programa llevado a cabo por Estados Unidos al final de la Segunda Guerra Mundial, mediante el cual más de 1.600 científicos alemanes, incluidos exmiembros del Partido Nazi, fueron reclutados por el gobierno estadounidense para trabajar en programas militares y científicos. Entre estos científicos estaba Wernher von Braun, el genio detrás de los cohetes V-2, quien más tarde desempeñaría un papel clave en el programa espacial de la NASA.

Lo que muchos desconocen es que algunos de estos científicos alemanes, además de sus conocimientos en tecnología avanzada, tenían un profundo interés en el ocultismo y las ciencias esotéricas. Durante la época nazi, el ocultismo tuvo una notable influencia en la cultura militar y política, con grupos como la *Ahnenerbe* investigando antiguos conocimientos ocultos y prácticas esotéricas en busca de poder. A medida que estos científicos eran absorbidos en los programas militares estadounidenses, las teorías sobre la conexión entre el ocultismo y la ciencia moderna comenzaron a tomar forma.

Otro hito importante fue el *Proyecto MK-Ultra*, en el que la CIA, como se mencionó anteriormente, llevó a cabo experimentos de control mental a gran escala. Estos experimentos, que involucraron el uso de drogas psicotrópicas, hipnosis y privación sensorial, fueron parte de un esfuerzo por comprender los límites de la mente humana y cómo podía ser manipulada. Aunque los resultados de estos experimentos no se conocen en su totalidad debido a la destrucción de muchos documentos, el legado de MK-Ultra ha dejado una huella indeleble en la historia de la ciencia, al tiempo que refuerza la conexión entre los programas secretos del gobierno y el ocultismo.

El interés de la CIA en fenómenos paranormales también se extendió al programa *Stargate*, que fue diseñado para investigar el uso de la percepción extrasensorial y la visión remota (una forma de «ver» lugares o eventos a distancia sin estar físicamente presentes). Aunque el programa fue desmantelado en la década de 1990, algunos de sus participantes afirmaron haber logrado resultados exitosos, lo que alimentó aún más las teorías sobre la conexión entre la ciencia moderna y las capacidades psíquicas.

Conclusión: El Legado del Ocultismo en la Historia Moderna

El ocultismo ha sido una parte fundamental de la evolución cultural, espiritual y científica de la humanidad. Desde las primeras civilizaciones hasta la era contemporánea, el deseo de explorar lo desconocido y de desentrañar los misterios del universo ha sido una constante. A lo largo de los siglos, las prácticas esotéricas han evolucionado, adaptándose a los cambios sociales y científicos, pero su legado sigue siendo palpable. En la actualidad, el ocultismo continúa influenciando áreas como la cultura pop, la política y las ciencias alternativas, demostrando su persistencia en el imaginario colectivo. En esta conclusión, reflexionamos sobre el legado del ocultismo en la historia moderna, su impacto reciente y su posible papel en el futuro de la humanidad.

La persistencia de los misterios ocultistas en la era contemporánea

En una era dominada por la tecnología, la ciencia y la racionalidad, podría parecer que las creencias y prácticas ocultistas han quedado relegadas a un segundo plano. Sin embargo, los misterios ocultistas persisten en la cultura contemporánea, atrayendo a nuevas generaciones de buscadores de lo arcano y lo espiritual. El ocultismo ha demostrado una notable capacidad de adaptación, absorbiendo influencias modernas y tecnológicas sin perder su esencia. Hoy en día, las personas continúan explorando temas como la magia, la alquimia, la astrología, el tarot y la comunicación con lo sobrenatural, aunque lo hacen en un contexto que a menudo mezcla ciencia, psicología y espiritualidad.

El resurgimiento del interés en lo esotérico puede observarse en la proliferación de movimientos de la Nueva Era, que combinan antiguos sistemas ocultistas con nuevos enfoques sobre la conciencia, el bienestar y la energía. Estas prácticas, aunque aparentemente alejadas de las tradiciones más oscuras y ritualistas del pasado, son una extensión del legado ocultista que ha existido desde la antigüedad. La meditación, el reiki, el uso de cristales, el tarot y la astrología se han convertido en parte de la vida cotidiana de muchas personas que buscan sentido, curación y conexión con fuerzas más allá de lo visible.

El esoterismo también ha encontrado un hogar en el ámbito digital, con comunidades en línea dedicadas a compartir conocimiento y explorar los misterios del universo. Plataformas como YouTube, Reddit e Instagram están llenas de contenido sobre magia, teorías ocultistas y fenómenos paranormales. La información esotérica que antes se encontraba oculta en manuscritos polvorientos y circulaba entre iniciados ahora está disponible para cualquiera con una conexión a Internet, lo que ha democratizado el acceso a estas ideas y ha permitido que el ocultismo se extienda a nuevas audiencias globales.

Hitos históricos recientes: La influencia del ocultismo en la cultura pop, política y las ciencias alternativas

En las últimas décadas, el ocultismo ha tenido una notable influencia en la cultura pop, política y las ciencias alternativas. En la cultura popular, el interés por lo esotérico ha encontrado una plataforma en películas, libros, series de televisión y videojuegos. Obras como *El código Da Vinci* de Dan Brown, con sus intrincadas teorías sobre el Grial y los Templarios, y series como *Stranger Things*, que incorpora elementos de teorías conspirativas como el Proyecto Montauk, han reavivado el interés por los misterios ocultistas. El ocultismo se ha convertido en un tema recurrente en la narrativa contemporánea, donde se mezcla con la ficción y la especulación para atraer a audiencias fascinadas por lo paranormal.

Las referencias a la magia, el esoterismo y las sociedades secretas también han permeado la música, especialmente en géneros como el rock, el metal y el hip hop. Bandas como Led Zeppelin y Black Sabbath han utilizado símbolos ocultistas y referencias esotéricas en sus letras y arte visual, mientras que artistas contemporáneos, como Beyoncé y Jay-Z, han sido objeto de teorías de conspiración que los vinculan con los Illuminati y otros grupos ocultos. La simbología esotérica, desde el Ojo de la Providencia hasta pentagramas, ha entrado en el mainstream, y su significado ha sido reinterpretado de maneras que difieren de su uso original.

En el ámbito político, el ocultismo ha sido parte de las teorías de conspiración modernas que sugieren la existencia de élites secretas que manipulan el destino del mundo. Teorías sobre los Illuminati, el Nuevo Orden Mundial y la masonería han ganado terreno en ciertos círculos, alimentadas por el descontento social y la desconfianza en las instituciones. Aunque la mayoría de estas teorías carecen de fundamento, reflejan el poder que el ocultismo sigue teniendo como símbolo de lo oculto, lo prohibido y lo conspirativo.

Además, el interés por las ciencias alternativas ha dado lugar a nuevas formas de interacción entre el ocultismo y la ciencia. Aunque en el pasado la alquimia fue considerada una «proto-ciencia», hoy en día se exploran nuevos límites en disciplinas como la física cuántica, que a menudo es interpretada por algunos como un puente entre la ciencia moderna y las ideas esotéricas. Conceptos como la interconexión del universo, la naturaleza ilusoria de la realidad y la influencia de la mente sobre la materia encuentran ecos en la filosofía oculta, lo que sugiere que el esoterismo y la ciencia aún tienen territorios comunes por descubrir.

Reflexiones sobre el papel del esoterismo en el futuro de la humanidad

El esoterismo ha sido una constante a lo largo de la historia humana, manifestándose de diversas formas en cada época y adaptándose a los cambios sociales, culturales y científicos. A medida que la humanidad avanza hacia un futuro cada vez más interconectado y tecnológico, el esoterismo puede seguir desempeñando un papel importante en la búsqueda de sentido y trascendencia. La naturaleza humana siempre ha estado marcada por el deseo de comprender lo que está más allá del alcance de la razón y la ciencia, y el esoterismo ofrece una vía para explorar estas fronteras.

En un mundo dominado por la tecnología y la racionalidad, el esoterismo podría continuar sirviendo como un contrapeso a la mentalidad puramente materialista. La ciencia y la tecnología nos han permitido alcanzar niveles sin precedentes de progreso, pero también han generado nuevas preguntas sobre la naturaleza de la conciencia, la ética y el propósito de la vida. En este contexto, las prácticas esotéricas podrían ofrecer a las personas un enfoque más holístico para comprender la realidad, integrando mente, espíritu y cuerpo de maneras que la ciencia convencional aún no ha explorado completamente.

Además, el esoterismo podría desempeñar un papel crucial en la evolución espiritual de la humanidad. A medida que enfrentamos desafíos globales como el cambio climático, la desigualdad y la fragmentación social, las filosofías esotéricas que promueven la interconexión, la responsabilidad cósmica y el autoconocimiento podrían ayudar a crear una nueva conciencia colectiva. El renacimiento de la espiritualidad, ya sea a través de las antiguas tradiciones ocultas o de nuevos movimientos, puede ofrecer una forma de equilibrio entre la ciencia, la tecnología y el crecimiento espiritual, allanando el camino hacia una humanidad más consciente y unida.

Esta conclusión ha examinado el legado duradero del ocultismo en la historia moderna, destacando su persistencia en la cultura pop, la política y las ciencias alternativas. Aunque la tecnología y la ciencia han transformado el mundo, el esoterismo sigue proporcionando una vía para la exploración espiritual y filosófica. En el futuro, es probable que el ocultismo continúe desempeñando un papel importante en el desarrollo de una conciencia humana más profunda, en la búsqueda de respuestas a las preguntas más fundamentales de la existencia.

BIBLIOGRAFÍA

Baigent, Michael, Richard Leigh y Henry Lincoln. *El enigma sagrado.* Barcelona: Plaza & Janés, 1982.

Blavatsky, Helena Petrovna. *La doctrina secreta: síntesis de la ciencia, la religión y la filosofía.* Londres: Theosophical Publishing House, 1888.

Brown, Dan. *El código Da Vinci.* Nueva York: Doubleday, 2003.

Carter, Howard. *La tumba de Tutankamón.* Londres: Cassell, 1923.

Crowley, Aleister. *Magick in Theory and Practice.* Londres: Thelema Publications, 1929.

Dee, John. *The Hieroglyphic Monad.* Londres: F. Seres, 1564.

De Sède, Gérard. *Le Trésor Maudit de Rennes-le-Château.* París: Julliard, 1967.

Faivre, Antoine. *Access to Western Esotericism.* Albany: State University of New York Press, 1994.

Godwin, Joscelyn. *The Theosophical Enlightenment.* Albany: State University of New York Press, 1994.

Lévi, Eliphas. *Dogma y ritual de la alta magia.* París: Germer Baillière, 1855.

Nichols, Preston B. *The Montauk Project: Experiments in Time.* New York: Sky Books, 1992.

Picknett, Lynn, y Clive Prince. *Los templarios y el Grial.* Madrid: Ediciones Martínez Roca, 1999.

Waite, Arthur Edward. *The Book of Ceremonial Magic.* Londres: William Rider & Son, 1911.

Westcott, W. Wynn. *The Magical Mason: Forgotten Hermetic Writings of William Wynn Westcott, Physician and Magus.* York Beach: Weiser Books, 1983.

GRACIAS POR COMPRAR
ESTE LIBRO.
DESCUBRE MÁS EN
NUESTRA WEB: